L'ÉGÉRIE
L'énigme Claude Chirac

Renaud Revel

L'ÉGÉRIE

L'énigme Claude Chirac

JC Lattès
17, rue Jacob 75006 Paris

ISBN : 978-2-7096-2890-7

14 juillet 2006 : la revanche d'une famille en titane

Pas un signe, pas un geste. Pas même l'esquisse d'un sourire. Juste une joie intérieure intense. Installée en retrait de la meute qui se bouscule, Claude n'a d'yeux que pour la silhouette qui s'avance, les bras écartés tel un hélicoptère en phase d'approche. « Chirac », comme elle l'appelle familièrement, est heureux. Elle le sent, elle le voit. Pour cet homme en perpétuel déficit d'affection, le contact de la foule semble avoir les vertus revigorantes d'une mystérieuse pharmacopée. Jacques Chirac, on le sait, aime le contact en général et les gens en particulier : c'est ce qui l'a poussé à s'engager dans l'arène politique, il y a plus d'un demi-siècle. Et il n'y a guère que cet homme, pour éprouver, avec un tel appétit féroce, la chaleur d'un attroupement anonyme.

Le voilà qui s'arrête devant un jeune parlementaire de Corrèze, estomaqué. Le septuagénaire lui a lancé avec une claque dans le dos : « Ah, salut, comment ça va ? Mais t'as l'air crevé. Tu devrais prendre des vacances... »

Pantalon et veste en lin de couleur claire, cheveux blonds peignés en arrière, le teint pâle et les yeux dissimulés derrière d'épaisses lunettes noires, Claude n'a rien voulu perdre de la scène. Tel un oiseau de proie balisant son territoire, depuis toujours, elle a l'œil sur son père...

Ce 14 juillet 2006, dans les jardins de l'Élysée, quelque deux mille personnalités invitées se pressent à la traditionnelle « garden-party ». Ce n'est pourtant pas une date comme les autres. Il y a presque un an, le 2 septembre 2005, celui que Claude ne cesse de couver du regard frôlait l'abîme. L'accident vasculaire du président avait affolé son entourage et mis le feu dans les rédactions. L'Élysée n'était plus, selon les gazettes de l'époque, qu'un grand mausolée vide où le président, alité à près de soixante-treize ans, croupissait tel un mort en sursis. Campant à son chevet, Claude Chirac avait fait preuve, durant toute cette période, d'un étonnant sang-froid : filtrant ses rendez-vous, nettoyant son agenda – cet opuscule auquel elle est l'une des rares à avoir accès –, allégeant le quotidien d'un président de la République pour qui elle s'était mise en quatre, une fois de plus. Les emplois du temps avaient été rabotés et les notes des collaborateurs, rédigées en gros caractères, raccourcies. Claude s'était aussi empressée de bannir du « Château » les solliciteurs de tout poil et de museler le cabinet, afin d'éviter les fuites dans la presse sur l'état de santé de son père. Pour parer à toute éventualité, elle avait enfin imposé un renforcement du staff médical, l'Élysée devenant une annexe du Samu. Quant à Jacques Chirac, lui-même, elle l'avait installé dans l'une des ailes de l'Élysée, transformant sa chambre en bunker.

2005 : *Annus horribilis.* Claude n'a rien oublié de ces heures sombres. Ni l'incroyable rapidité avec laquelle le Tout-Paris, estimant son père « fini », procédait à son autopsie politique. Ni les regards faussement compatissants ni les manifestations de sympathie forcée des uns ou les philippiques meurtrières des autres, célébrant cette fin de mandat sur des airs de lampion. « Le roi est nu, le roi est mort, vive Sarko ! » C'était prévisible mais si cruel à entendre... Pourtant Claude Chirac en a vu bien d'autres. Combien de fois a-t-elle sonné le tocsin, pour « Chirac », pressentant la première les désertions de Paqua, Balladur ou Sarkozy ? Il faut être blindé. Ainsi, il y un an, une atmosphère crépusculaire régnait, disait-on, rue du Faubourg-Saint-Honoré. Un climat de fin de règne qui voyait Bernadette et Claude Chirac s'affairer dans les salons de l'Élysée, tirer les tentures, afin que le soleil ne vienne pas fatiguer la vue de celui qui peinait alors à aller au bout de ses phrases. Il bredouillait des réponses et s'emmêlait dans ses fiches, sous les mines faussement apitoyées d'un Dominique de Villepin pas si mécontent, à la vérité, de transformer Jacques Chirac en président honoraire, et les regards en coin d'un entourage, déboussolé, guettant sur le bord du ring l'abandon de leur champion.

Les revers de fortune et les contre-performances ont toujours balisé le parcours politique de Chirac. Mais il s'en contrefiche. L'homme se dit increvable. Le voilà donc, dix mois plus tard, jouant des coudes, hilare, au milieu d'une foule de courtisans. L'œil est féroce autant que fier ! Au-delà du bonheur de le voir en pleine forme, Claude Chirac éprouve des sentiments indissociablement mêlés. Elle les résume d'une pensée qui la projette à l'horizon de l'élection présidentielle de mai prochain : « Et s'il nous refaisait le coup de 2002 ! »

Car, comme toujours dans l'adversité, les Chirac se rebiffent. Quant au premier d'entre eux, il se pense le meilleur. Combien de fois, depuis bientôt vingt ans, Claude l'a-t-elle ramassé, quand tout semblait perdu, et qu'on ne lui promettait plus que fiasco et chaos ? Comme au lendemain de l'échec à l'élection présidentielle de 1988 ou en 2000, avec la publication des fameuses cassettes Méry, ces confessions posthumes d'un financier occulte du RPR qui firent vaciller tout un clan. Combien de fois l'a-t-elle vu, comme par miracle, renaître, à deux doigts d'une déroute politique annoncée ? Combien, parmi ses adversaires, se sont fourvoyés en tisonnant avec rage les cendres encore brûlantes du désastre chiraquien, convaincus que l'homme, cette fois-ci, était défait à jamais ? Mais un Chirac se le tient rarement pour dit. Comme si les épreuves le renforçaient. Cette famille en titane écarte ainsi tout ce qui est susceptible de l'accabler. L'Aventin n'a jamais été son refuge.

Ce n'est pas une famille ordinaire qui s'est installée à l'Élysée depuis 1995, mais une tribu guerrière dont on a souvent sous-estimé la solidarité, en ne retenant que l'écume, la mise en scène ordinaire comme les traits d'humour vachards de Bernadette décochés, au détour d'une conversation, à l'encontre de son époux. Et ses réactions excédées après que ce dernier lui eut téléphoné pour la énième fois de la journée, au milieu d'un banquet, s'enquérant de son emploi du temps : « Mais, enfin, je déjeune, Jacques ! » Tout comme les relations polaires, agrémentées d'échanges glacés, entre Claude et sa mère. Ou encore les soupirs exaspérés d'un Chirac découvrant dans la presse les déclarations à l'emporte-pièce d'une épouse, cabocharde à ses heures et qu'il lui faut remettre à sa place.

La vraie facette des Chirac ? Une phalange solide comme un roc. Jamais au repos, toujours sur le qui-vive. Elle ne renonce jamais. Des durs-à-cuire, indifférents à ce qui les entoure. Et qui se gaussent des petits bobos de tel ou tel conseiller, croisé dans un couloir. « Toujours à se plaindre, des maux de dents, des bricoles. Un hypocondriaque en avance d'un cancer... », persifla un jour Bernadette, après avoir congédié l'un de ses collaborateurs, « un peu faiblard », qu'elle avait dans le nez. « Ils se déchirent entre eux, mais chassent en bande », disait André Malraux des gaullistes. Cela va comme un gant à cette famille semblable à une citadelle inexpugnable où Bernadette et Claude se sont imperceptiblement réparti les rôles. À la première, l'étiquette : tenir son rang, faire bonne figure en toutes circonstances. Et ne jamais laisser accréditer l'idée que « Jacques » est affaibli. À la seconde, le port du bouclier : silencieuse, renfrognée, rencognée sur sa solitude, elle le protège de tout, et surtout de lui-même. Capable de colères froides et de furies solaires, Claude est son premier rempart. Depuis bientôt vingt ans, la fille du taulier rend coup pour coup.

Quelques heures plus tôt, ce même 14 juillet, Claude Chirac avait donné, comme à l'accoutumée, sa pleine mesure de « communicatrice » en chef, quand son père s'était adressé aux Français à la télévision. Rien n'avait été laissé au hasard : prompteur, drapeaux, discours sous le signe de la jeunesse rédigé par un scribe de service et consciencieusement relu. Pas un mot d'improvisation. Un cadrage parfait pour une bonne image, reprise le soir même, au journal de 20 heures. Quelques jours auparavant « Majordame » en chef s'était aussi chargée d'établir avec minutie la « short list » des personnalités conviées aux côtés de Jacques Chirac, à la finale de la Coupe du monde de football, France-Italie, à Berlin. Elle avait rayé consciencieusement une série de noms « black-listée », en raison d'une trahison supposée, d'une infidélité quelconque à l'égard de son père. Ou pire d'un ralliement à Nicolas Sarkozy. Le B-A BA.

Claude Chirac n'a pas attendu les soirées solitaires de 1993-1994, quand le cercle, déjà clairsemé, des amis se faisait peau de chagrin et que le cafard prenait le pas sur l'exaltation des soirs de victoire, pour savoir que la politique se nourrit rarement d'amitiés. « Lui aussi... », s'est-elle écriée, écœurée, en découvrant à la télévision, le 3 septembre 2006, la présence à Marseille, de François Baroin, son ami et l'un des hussards de la chiraquie, aux côtés du même Sarkozy, lors des journées parlementaires de l'UMP. Il confesse, ce jour-là, aux journalistes qui le pressent de questions, en guise de ralliement au député de Neuilly, être devenu « sarko-compatible ». Claude s'étrangle et se promet de bien s'en souvenir... Car si Chirac, père, est d'un tempérament oublieux, Chirac, fille, a de la mémoire : chez elle, rien ne s'oublie, rien ne se perd.

C'était un bien bel été, pourtant. Après avoir connu, à la fin de l'hiver et au printemps, une série d'embardées – crise du CPE, chute dans les sondages, affaire Clearstream... – qui laisse à penser que le gouvernement Villepin ne pourrait pas échapper bien longtemps à une dislocation générale, Jacques Chirac entrevoit, avec le conflit israélo-libanais naissant, le bout du tunnel. C'est pour lui l'occasion de rebondir sur la scène internationale. Son pont d'Arcole après des mois de galère. Dominique de Villepin, lui, un brin raccommodé avec les sondages, retrouve les accents échevelés d'un Dark Vador, l'indestructible chevalier noir de *La Guerre des étoiles*. Quant à Chirac, il a à nouveau le sentiment de pouvoir influer sur le cours des évènements. Il recouvre à cette époque un mental d'acier, il renaît. Bernadette, telle une parente intrusive, a beau le conjurer de ralentir le rythme, il met les bouchées doubles. Et Claude reprend du galon. Galvanisée par l'enthousiasme de son père, elle convoque au milieu de l'été à Brégançon une équipe de *Paris-Match* pour un reportage photo campant son père en chef de guerre. Elle sacrifie même ses vacances. « Fifille », comme la surnomment entre autres sobriquets ses détracteurs, vit recluse dans son bureau cagibi, situé à deux pas de l'Élysée, le téléphone portable scotché à l'oreille. Avec Chirac au bout du fil, plusieurs fois par jour, qu'elle houspille, encourage et cajole tout à la fois. Qu'elle cornaque, comme au plus fort d'une campagne électorale.

Comme Chirac, Claude a retrouvé le sourire. Elle aussi a manqué flancher au cœur de l'hiver, en découvrant le moral des Français et l'état de santé du pays, au fil de séances de brainstorming organisées par la Sofres, qu'elle s'est imposées. Debout des heures durant derrière une glace sans tain, elle a écouté des Français. Une véritable séance de tortures. Il n'était question que de crises en ritournelle et d'un président usé jusqu'à la corde dont la France ne voulait plus.

Tout cela ne semble plus qu'un lointain souvenir. Interrogé sans relâche sur les pelouses de l'Élysée, Chirac donne le sentiment d'avoir repris la main. Peut-il pour autant espérer chevaucher de nouvelles espérances ? Redevenir une alternative à Sarkozy, ce qu'il avait cessé d'être depuis 2000, et lui disputer l'avenir ? À cette date, personne n'ose l'imaginer. Pas même ses plus fervents supporters : comment pourrait-il courir après de nouvelles chimères avec de telles semelles de plomb ? Ce 14 juillet, une seule y croit. Dans le recoin d'un salon, elle converse, une coupe de champagne à la main, avec l'actuel président du Conseil constitutionnel Pierre Mazeaud, l'un de ses confidents : elle semble regonflée à bloc.

Que dit-elle de son père ? Qu'il a la pêche. N'hérite-t-il pas d'une donne insolente cet été ? Et la politique, qui se délecte de paradoxes, ne lui a-t-elle pas offert maintes fois l'occasion de rebondir, là où on ne l'attendait plus ? Son carnet de rendez-vous déborde comme aux plus beaux jours. Les plus grands dirigeants du monde ont retrouvé le chemin de l'Élysée. De Bush à Poutine, on le consulte à tout bout de champ sur la crise du Proche-Orient. Au micro d'*Europe 1*, le 18 septembre, il tacle Nicolas Sarkozy, avant de s'envoler pour New York où l'Onu lui déroule le tapis rouge. Celui que l'on disait, au cœur de l'hiver, retranché dans la solitude de son bureau, dans un douloureux face-à-face avec lui-même, semble avoir retrouvé ses qualités de samouraï.

Il n'en faut pas plus à Claude pour se prendre à rêver. Depuis la fin de l'été, elle a réactivé certains réseaux, rameuté discrètement une petite cellule de travail, chargée de réfléchir à un éventuel dispositif de campagne et sillonné Paris en quête d'informations… Comme si ce joli vent d'été s'était mis à souffler révérencieusement en faveur d'un homme, dont elle n'a jamais cessé de croire au destin.

1.

Une fille, un soldat

Voilà un parcours qui a tous les attributs du romanesque. Voilà une femme qui s'est faite tout à la fois confidente, conseillère, tutrice, coach et psychologue d'un président de la République en exercice, comme d'autres choisissent d'entrer dans les ordres. C'est en apparence une histoire comme notre République monarchique en raffole : celle d'une petite fille issue d'une famille de notables qui, couvée par son père, a su forcer les portes du pouvoir et s'y imposer. C'est la montée en puissance d'une femme de quarante-trois ans tout entière à la dévotion d'une idole qu'elle n'a de cesse de protéger des doutes et surtout des autres. Un « soldat » : le mot est de Jacques Pilhan, l'ancien conseiller en communication de François Mitterrand, et son précepteur en la matière. Une fille, enfin, irrévérencieuse, parfois brutale et à l'emporte-pièce, à l'égard d'un père qu'elle éperonne sans relâche, depuis bientôt vingt ans et auquel elle a voué sa vie.

17

Adolescent, Jacques Chirac rêvait d'archéologie, se passionnait pour l'hindouisme et avait frôlé la conversion. Avant de s'essayer à la navigation, en embarquant sur un cargo à l'âge de dix-sept ans. Son héros s'appelait Surcouf, un mousquetaire des mers. C'est le corsaire Chirac – passé par Saumur et la cavalerie – dont Claude, sa fille cadette, a voulu prendre une partie du destin en main. Voilà deux décennies qu'elle ferraille à ses côtés et plus de dix ans que Jacques Chirac lui a demandé de tenir pour lui ce terrifiant miroir de la communication. Un job en or ? Plutôt un cadeau empoisonné : car si Chirac est tout le contraire de l'introspection, l'exhibitionnisme à tout va lui donne la nausée. L'homme, d'une pudeur minérale, fuit son image : depuis toujours, les médias l'insupportent. Piètre orateur, rongé par le doute, l'homme sait qu'il n'est pas à l'abri de dérapages sur un plateau de télé, d'approximations face à des journalistes, ces « fouilleurs de merde », qu'il tient à distance, depuis que Claude les a diabolisés. Capable d'embardées, Chirac s'est imposé, du coup, au fil des années, une sorte de jugulaire mentale.

Son savoir-faire, Claude Chirac l'a construit empiriquement. Elle a fait ses premiers pas aux côtés de son père à Matignon, entre 1986 et 1988, puis à la Mairie de Paris. Et surtout lors des campagnes présidentielles de 1995 et de 2002, victorieuses envers et contre tous les pronostics. De cette période, Claude Chirac a conservé un souvenir de terreur, mêlé d'une défiance absolue à l'égard de la presse. Elle la tient éloignée de Chirac autour duquel la jeune femme a installé, au fil des années, un mur infranchissable. Même les quelques rares journalistes habilités à approcher le premier cercle en ont pris, un jour, pour leur grade. Elle s'est ainsi violemment emportée, il y a quelques années, contre Patrick Poivre d'Arvor, dont elle est pourtant l'amie, après que ce dernier eut interrogé son père sur les affaires de la Ville de Paris, au journal de 20 heures de TF1. Touche pas à mon père…

Claude Chirac vit sa fonction comme un sacerdoce. Minée par l'esprit de sérieux, celle qui croit ne jamais en faire assez pour protéger son « client » est devenue, du coup, la femme à abattre.

Les filles de président de la République seraient-elles le talon d'Achille de leurs pères ? Jacinthe ou Valérie-Anne Giscard d'Estaing et leur look BCBG eurent vite fait de brouiller l'image de modernité dont VGE voulut s'affubler, en 1974. Longtemps inconnue, Mazarine Pingeot n'a surgi qu'à la fin du second septennat, déclenchant la polémique. Pièce maîtresse de la communication élyséenne et gardienne du temple chiraquien, Claude Chirac, qui se pique de ne pas être soluble dans le microcosme politique, dont elle n'a jamais fréquenté les allées, est devenue l'un des éléments clefs du dispositif paternel. Une vestale impérieuse et impérative dans les avis qu'elle porte sur tout et tout le monde. Une femme de fer et d'influence qu'on moque ou qu'on craint et sur laquelle on n'a de cesse de gloser. Son rôle, indiscutable dans ses attributions, s'étend-il au-delà ? Sans elle, la présidence de Jacques Chirac eût-elle été la même ? À cette dernière question, la réponse est assurément non !

Ce sont sans doute les Guignols de l'info, sur *Canal+*, qui les premiers ont mesuré son importance. Le 8 novembre 2000, la marionnette de Claude Chirac fait son apparition sur la chaîne cryptée. Celle qui suscite alors autant de rumeurs que de contestations feutrées au sein de la chiraquie éclate de colère au spectacle de son double en latex. Car c'est à une étonnante inversion des rôles que s'est prêtée l'émission culte : on la voit en mère autoritaire tançant un Chirac réduit à l'état de nourrisson. Si la saynète, au vitriol, est cruelle, le trait forcé, il traduit pourtant une réalité à laquelle Claude a longtemps cru échapper : à travers l'histoire, les grands leaders ont toujours eu à leurs côtés de grands ordonnateurs de leurs faits et gestes : un fidèle, un gourou de la communication, voire un parent, un fils ou… une fille. Claude Chirac ? Une machine de com', une machine à gagner, à broyer, un petit bout de femme tendue vers un unique objectif : le succès d'un père et la conquête du pouvoir. « C'est la sociologue du président », commenta amusé, un jour, Jean-Pierre Raffarin ; la « dauphine », une « Raspoutine en santiags », surenchérissent plus sèchement ses détracteurs, qui vomissent sans nuances ses réflexes de Pitbull.

Sa réputation la précède. On la dit perfide et manipulatrice, inconstante et fidèle, généreuse et touchante, collectionneuse d'amants et profondément solitaire. Pas people, pas vraiment glamour. Plus attifée qu'élégante. Mais pas *has been*, pour autant. À mille lieues du Paris mondain, peu fascinée par les attributs du pouvoir, sa nature la conjure de se méfier de tout. Nous déjeunons au *Tong Yen*, un restaurant chinois parisien et l'une des cantines préférées de son père : elle me balade. Me parle de son fils Martin, du temps qu'il fait, de ses courtes vacances à Brégançon. D'astrologie aussi, « Je suis Sagittaire »... De la réunion qui l'attend. Enfin elle confesse être un peu « flapie », en cette fin de mois d'août 2006. Ne vient-elle pas de visionner l'intégralité des interventions des leaders socialistes à l'Université d'été du PS de La Rochelle. Elle y a trouvé Ségolène Royal « plutôt bonne... Et donc, dangereuse ». Et quoi d'autre ? Silence et regard somnambulique. Puis, d'une salve, en me regardant droit dans les yeux, elle m'assène : « Ma vie a si peu d'intérêt... » Je ne la crois pas.

Claude a fait sa première apparition publique sur la scène politique en août 1987. Elle sauve *in extremis* de l'interdiction le concert que devait donner à Sceaux la chanteuse Madonna. Une décision obtenue après avoir convaincu son père, alors Premier ministre, de chausser ses baskets, de coiffer un walkman et d'écouter quelques bribes du disque de la star américaine. Interrogée bien plus tard sur ce premier fait d'armes, Claude Chirac conviendra que tout cela n'était pas très heureux... Dès lors la sage étudiante d'Assas, titulaire d'un diplôme d'économétrie, fait ses premiers pas dans le Tout-Paris. Son père l'emmène pour la première fois en voyage officiel, à l'été 1987, lors d'un sommet de la Francophonie à Montréal. Puis lui installe un petit bureau à l'Hôtel de Ville. Là il lui faut peu de temps pour trouver ses marques et atteindre une impopularité abyssale auprès des caciques de la chiraquie. Cette « petite teigne » les rend dingues.

« C'est fou comme les gens s'installent vite dans ce qu'ils croient être le confort du *système* », confiait-elle à Catherine Pégard, journaliste au *Point*, en janvier 1997. Bien qu'elle ait vécu dès son plus jeune âge dans les palais nationaux, Claude Chirac ne s'est jamais laissé griser par les fastes de la République. Au contraire, elle a toujours voulu fuir les enluminures et le luxe. Pas facile de s'épanouir quand on est la fille d'un homme politique de premier plan, à qui la sécurité des siens importe plus que toute autre. Adolescente, Claude a ainsi échangé ses premiers baisers devant un Prisunic de l'avenue des Ternes, à Neuilly-sur-Seine, sous le regard du chauffeur et garde du corps de Jacques Chirac, Jean-Claude Laumont. Cet ancien serveur, qui avait levé la pointe des pieds au ministère de l'Agriculture, pour mieux se faire remarquer de Chirac, garait sa DS noire, en double file. Tandis que les tourtereaux se bécotaient sur un banc en mangeant une glace.

C'est que Jacques Chirac, alors jeune ministre de Georges Pompidou, avait donné pour consigne stricte à son cerbère de veiller scrupuleusement sur sa fille, de jour comme de nuit. Le plan de route était clair : « Laumont, disait-il, je ne veux pas de problème avec Claude, pas d'emmerdes ! Alors, débrouillez-vous... »

De ces années de filatures permanentes, Claude Chirac a conservé quelques mauvais souvenirs. À commencer par le sentiment d'avoir vu trop longtemps une partie de son adolescence mise sous cloche. Parce qu'elle incarne mieux que quiconque la fidélité absolue à Jacques Chirac, Claude aurait pu disposer à l'Hôtel de Ville, en son temps, et à l'Élysée, ensuite, d'une batterie de collaborateurs, d'un chauffeur, d'une voiture de fonction et de tous les avantages dus, non seulement à sa filiation, mais à son statut de conseiller très spécial. Ce ne fut jamais le cas. La jeune femme a tout refusé en bloc. Les gardes du corps, les titres à rallonge et les passe-droits de toutes sortes. Ce que certains autres rejetons de présidents, à l'instar des fils de François Mitterrand, pour ne citer qu'eux, acceptèrent, en revanche.

« Une femme de l'ombre », l'image lui sied. Que l'on dise que Claude Chirac a conquis son père en l'aidant à conquérir les Français, voilà quelque chose qu'elle peut accepter : quel plus beau cadeau pouvait-elle faire à un être à la fois si proche et si lointain ? Mais qu'on lui prête une influence majeure, elle en rigole. Aujourd'hui, comme hier, l'intéressée préfère jouer les modestes. Une posture qu'elle affiche en toutes circonstances, mais qui sonne souvent faux chez cette femme, rarement relâchée, toujours au four et au moulin et qui tient à bout de gaffe son paternel. À l'entendre, son rôle dans l'élection de Jacques Chirac en 1995 serait forcément marginal. Et sa place dans la longue caravane chiraquienne, lilliputienne, autant que négligeable. Un petit pion parmi d'autres, effacé et discret. Si discret que certains en ont fait parfois, à leurs dépens, cruellement les frais. C'est le cas d'Édouard Stern. Invitée un soir à dîner par le ministre de la Culture, Renaud Donnedieu de Vabres, en compagnie d'un groupe d'intellectuels et de quelques personnalités du monde de l'industrie et de la haute finance, Claude se retrouve assise à côté de l'illustre banquier. Lequel se lance, durant le repas et sous le regard embarrassé d'une bonne partie des convives, dans une longue diatribe contre son père. Claude, qui ne s'est pas présentée et dont le visage reste peu connu, non seulement du grand public, mais également d'une large partie de l'establishment, n'ouvre pas la bouche. Mais c'est blanche comme un linge qu'elle se dirige vers son voisin à la fin de la soirée pour lui lancer en pleine figure, avant de tourner les talons et de quitter le ministère : « Je suis Claude, vous savez, la fille de l'autre, dont vous avez si élégamment parlé toute la soirée ! » Ces vingt années passées à encaisser les coups ont certes poli son caractère, mais la jeune femme, qui a appris à se maîtriser en pareilles circonstances, ne s'y résout toujours pas.

Claude Chirac a infusé dans la politique dès son plus jeune âge. Elle a connu les heures solitaires et les traversées du désert. Et appris, dès l'enfance, la précarité des choses, par exemple lorsqu'elle voyait à l'âge de treize ans s'envoler ses copines, l'une après l'autre, avec la démission de son père, de son poste de Premier ministre de Valéry Giscard d'Estaing. Ce parcours quasi initiatique ne l'a pas pour autant blindée. Claude Chirac reste une dame de fer qui ne sait pas masquer ses sentiments, mais dont le tempérament de battante revient au galop dès lors qu'il faut aller défendre « Chirac ». On le verra plus loin, la fille du chef possède un joli palmarès de victimes. Ceux qui ont, tout au long de la carrière récente de son père, fait preuve de tiédeur, ou qui l'ont lâché ou trahi dans les passes difficiles, avant de revenir lui jurer fidélité, savent que Claude a le pardon chiche. Combien, venus lui faire leurs civilités, ont été glacés d'un regard et plantés là, sans une poignée de main. Un tempérament de tueuse qu'elle a hérité de sa mère. Une dureté qui n'épargne personne, pas même son « patron ». Combien de fois a-t-on rapporté à Chirac que sa fille était insupportable, qu'elle s'esquintait à démolir dans le dos du cabinet des arbitrages qu'il avait préalablement rendus. Qu'elle était tout bonnement incontrôlable… « Et après ? » a toujours eu coutume de répliquer Chirac. Son culot le ravit, sa franchise le rassure, son courage lui plaît. Face à lui, elle est la seule à lui tenir tête et à parler vrai. À lui reprocher de « déconner », à dénoncer les « traîtres » qui l'entourent, à traquer les oracles du déclin chiraquien qu'elle renifle à distance. La chiraquie ? Un quartier sous haute surveillance dont Claude est le vigile. Cette rengaine, Chirac la connaît et il l'accepte. Car qui mieux que Claude, aujourd'hui, comme hier, peut efficacement prendre la défense de ses intérêts ?

2.

Une jeunesse entre dorures et douleurs

Le 27 mai 1974, Jacques Chirac, nommé Premier ministre, s'installe à Matignon. Et avec lui, sa tribu. Son épouse, ses deux filles, Laurence et Claude et sa belle-mère, Marguerite Chodron de Courcel. Les deux chiennes – Upsa et Yasmine – gambadent dans les jardins. Tandis que, laissées à elles-mêmes, les deux jeunes filles transforment les salons de Matignon en terrain de jeux. Seul le chauffeur garde un œil sur le gynécée. Chargé de l'intendance, Laumont gère ainsi une bonne partie du quotidien, en s'occupant des deux jeunes filles, dont il assure les déplacements dans Paris. De l'école à l'appartement de la rue Boissière, du domicile familial à l'hôtel Matignon. Claude a douze ans : turbulente et emportée, elle manifeste déjà un caractère bien trempé. Une fonceuse, insoumise et insolente, qui déboule dans le bureau de son père et apostrophe les gardes républicains. Claude ? Toute l'ambiguïté d'un prénom, un petit homme qui ne craint ni les plaies ni les bosses :

« le fils que Chirac n'a pas eu », répètent à l'envi les proches.

Enfance dorée, jeunesse turbulente, vaguement rebelle, scolarité hachée : renvoi de Sainte-Marie-de-Neuilly, bac ric-rac, passage éclair à Sciences-Po, vocation de vétérinaire passée au broyeur... Pourtant Claude traverse l'adolescence sans fracas, ni faits d'armes. Happé par sa fonction, Jacques Chirac n'a guère le temps de s'occuper de ses filles. Peu de place pour les confidences, pas le temps d'un cinéma ou d'un simple petit échange, en tête à tête. La politique est une dévoreuse de papas, une machine à fabriquer les tristesses enfantines, un exercice chronophage. Le temps ne compte pas. Il dévore tout : les hommes comme les sentiments. Un métier de chien qui vous laisse en vrac à la nuit tombée. Chirac est absent. Un dévot de l'action jamais au repos que les huissiers de Matignon, en 1986, surnomment « Fend la bise ». C'est aussi un époux fantôme pour les siens, happé par des obligations quotidiennes qu'il ne semble pas vouloir repousser. Ce qui déclenche chez Bernadette, son épouse, des réactions parfois douces-amères. Combien de fois l'a-t-on entendue l'appeler ironiquement « le veuf », en raison de ses absences et de ses fugues répétées, témoignages d'un goût agressif pour tous les plaisirs de la vie ? Cet éloignement n'est pas pour faciliter les rapports tendus que Claude entretient alors avec une mère qu'elle envoie volontiers paître. Silencieuse et mutique, Claude s'emporte et la rabroue, à l'occasion, sans ménagement. Combien parmi les collaborateurs de Jacques Chirac, à Matignon, l'ont-ils ainsi entendue ricaner dans les couloirs, après avoir claqué une porte au nez de celle-ci et lui avoir jeté à la figure : « De toute manière, j'obtiens tout de papa. » Querelle sur une nomination, conflit sur un arbitrage politique… Jacques Chirac n'est pas homme à céder facilement. Mais pour sa fille, l'homme peut être amené à capituler en rase campagne. « Donnez-lui ce qu'elle veut, puisqu'elle en fait une maladie », finit-il souvent par lâcher d'un ton las. Pas fâché de céder aux caprices d'une jeune fille qui ne l'appelle déjà plus « papa », mais « Chirac ». Un nom qu'elle fait claquer dans sa bouche, devant des étrangers, comme un coup de fouet. Comme pour rappeler qu'elle reste la seule à être la véritable dépositaire d'une marque qu'elle défend bec et ongles.

C'est sans doute dans une sombre tragédie qu'il faut aller chercher l'origine de ce lien, indéfectible, qui unit un homme d'âge mûr et sa fille. Depuis des années, les Chirac vivent un drame qui a contribué à cimenter leur famille. C'est l'histoire de Laurence ou la descente aux enfers d'une jeune fille, aujourd'hui, âgée de quarante-neuf ans, qui souffre d'anorexie depuis son adolescence. « C'est elle qui ressemblait à son père », confie Bernadette Chirac à Patrick de Carolis, dans son livre, *Conversation* : « Des boucles brunes, comme lui petit, en avance dans tous les domaines, un tempérament de feu. » Une grande sœur volontaire, pleine d'assurance, mais qui file tel un fantôme dans les couloirs de l'Hôtel de Ville, et reste le plus souvent recluse dans sa chambre. Là, rongée, tantôt par l'angoisse et l'envie d'en finir, tantôt par le désir farouche de réussir ses études, la jeune étudiante, insomniaque, travaille d'arrache-pied, des nuits durant, ses manuels de médecine, n'ingurgitant pour toute nourriture que des litres entiers de Perrier. Une bûcheuse née qui termine ses études, avant de travailler quatre années durant au Samu de Paris. Avant que l'effort ne devienne trop lourd. La jeune femme s'épuise et s'enferme dans un huis-clos douloureux avec elle-même, dont elle ne sort que rarement. Tout le monde sait et chacun se tait à l'Hôtel de Ville : une chape de plomb écrase ce secret, l'un des mieux gardés de la vie des Chirac.

Derrière les portes capitonnées, à l'abri des tentures, ce drame bouleverse leur quotidien. Combien de fois Claude a-t-elle surpris sa mère en pleurs, découragée et sans forces, après qu'elle eut sillonné Paris, une nouvelle fois, en quête d'un traitement ou d'un autre praticien. « La grande souffrait de l'absence de son père », se souvient une ancienne assistante de Jacques Chirac, à la mairie de Paris. « Elle faisait le siège du secrétariat, mais se heurtait toujours aux mêmes réponses : *en réunion, à l'extérieur, ne déjeune pas là, au téléphone...* » Il faut que les médecins sonnent le tocsin pour que, à partir du mois de mars 1977, Jacques Chirac prenne conscience de la gravité de la situation et décide de se ménager quelques moments dans un agenda encombré. Des échappées qui l'emmènent, plusieurs fois par semaine, vers celle qui, hospitalisée, est alors au plus mal. Le maire de Paris quitte ainsi, en fin de matinée, ses bureaux sur les chapeaux de roue, retrouve « sa »

Laurence, avec laquelle il déjeune sur le pouce et dont il tente de remonter le moral, avant de repartir, effondré, en direction de la salle à manger de l'Hôtel de Ville où son invité du jour l'attend, tranquillement attablé. L'occasion d'un deuxième round alimentaire : rien qui n'effraie ce gros mangeur, que ces parenthèses douloureuses démoralisent…

À l'échec politique – présidentielles de 1981, puis de 1988 – s'ajoutent ainsi les souffrances intimes. Si Chirac encaisse sans un mot – personne n'a pu lui arracher durant toutes ces années un murmure qui puisse passer pour l'écho, même assourdi, d'une déchirure –, cette épreuve l'a profondément secoué. À l'écart des estrades et des studios de télévision, Chirac baisse parfois la garde et se laisse aller à des confidences d'ordre politique mais les ressorts de sa vie familiale et ses blessures relèvent du secret défense. Le cas de Laurence en fait ainsi partie, plus que tout autre. Seules, à cette époque, Claude ou Bernadette savent déceler, derrière l'apparente solidité de Chirac, l'ombre glacée de la tragédie qui le hante.

C'est parce que le couple Chirac a longtemps frappé, en vain, aux portes des établissements spécialisés les plus en vue du monde entier que Bernadette Chirac s'est décidée à créer, à l'hôpital Cochin, sa « Maison des adolescents ». Tout comme elle a parrainé l'établissement fondé par Patrick Poivre d'Arvor, « La maison de Solenn », à la mémoire de la fille du journaliste, disparue il y a quelques années et atteinte, elle aussi, d'anorexie. C'est ainsi : il ne se passe pas un jour sans que Jacques Chirac s'enquiert de la santé de sa fille aînée, tandis que Bernadette se rend le plus souvent possible à son domicile afin d'y passer la nuit, avec, dans un sac, une paire de draps, une couette apportée de l'Élysée et quelques effets personnels.

Mais le sort s'acharne. Le 13 avril 1990, alors que le couple Chirac séjourne en Thaïlande, le temps de quelques jours de vacances au soleil, le téléphone sonne dans la suite qu'ils occupent. La conversation est courte et les rares mots prononcés par un Jacques Chirac devenu blême semblent indiquer le pire. Laurence s'est jetée la nuit dernière par la fenêtre du quatrième étage de son appartement, après que la garde-malade eut, l'espace de quelques secondes, relâché son attention. Une énième tentative de suicide mais la plus grave, dont la jeune femme sort miraculeusement vivante, bien que très sérieusement blessée. Il faudra de longs mois à Laurence pour retrouver le chemin de son domicile et se remettre sur pied, soutenue par un entourage familial où l'on salue alors l'abnégation et le courage d'une mère omniprésente.

Depuis, le couple Chirac n'a de cesse de protéger leur fille aînée, et surtout de la soustraire à l'intérêt de la presse, toujours friande de ses rares apparitions publiques. La dernière remonte, ainsi, au 17 mai 1995, date de l'intronisation officielle de Jacques Chirac, à l'Élysée. Avant, la famille, stoïque avait dû affronter une rumeur nauséabonde. Des mois durant, Paris a ainsi bruissé de sordides on-dit :

« Les Chirac, cette famille brisée par le scandale, dissimuleraient la mort de leur fille : accident ou suicide ? » Les journalistes et les colporteurs de mauvaises nouvelles, habitués à naviguer dans le sérail politique et les salons parisiens, s'en firent l'écho, des semaines durant, tandis que Jacques Chirac refusait violemment de confirmer ou démentir ces propos nauséeux. Au nom d'une règle que l'homme s'est toujours imposée et à laquelle personne, dans son entourage, n'a voulu déroger : on ne commente pas ce qui relève du domaine de la vie privée. On ne fricote pas avec la presse des caniveaux. On ne prête pas le flanc à la rumeur. « Depuis quand, devrions-nous prouver à qui que ce soit l'existence de l'un des nôtres ! » rugissait ainsi Chirac, quand son entourage l'enjoignait de rédiger un communiqué, témoignant de la bonne santé d'une fille que tout le microcosme parisien donnait pour morte. Il faut à cette époque aux Chirac infiniment de solidité et de sang-froid pour ne pas craquer à la lecture des centaines de lettres de condoléances qui atterrissent, chaque jour, sur le bureau du maire de Paris. On n'a jamais su comment Jacques Chirac a encaissé les coups et vécu cette période. Emmuré dans son silence, l'homme puise son réconfort dans le regard de son épouse et auprès de son autre fille, Claude. Mais cet épisode douloureux a profondément marqué les Chirac. Claude, plus que tout autre. Cette dernière en a conservé une aversion définitive à l'égard de la presse en général et des journalistes, en particulier : une meute capable de relayer de telles ignominies peut se livrer aux pires bassesses !

À compter de cette date elle fera tout pour protéger son père d'une profession qu'elle vomit et dont elle se défie.

Difficile d'imaginer que la jeune fille effacée, qui se plie sans broncher à l'éducation stricte imposée aux élèves de Sainte-Marie-de-Neuilly, un établissement fréquenté par sa mère, et qui se montre tout aussi assidue au cours de catéchisme, se muera un jour en une guerrière. Somnole sous l'apparente nonchalance de cette jeune pousse, en jeans et parka, de la graine de rebelle. Mars 1977 : tout le monde déboule à Hôtel de Ville. Étudiante en deuxième année de sciences politiques, Claude Chirac est, à cette époque, une jeune fille discrète et réservée. Avenante, courtoise et enjouée. Plus Courcel que Chirac, affirment ceux qui la fréquentent. Studieuse, on la voit taper ses mémoires de Sciences-Po – une école qu'elle quittera rapidement – dans un minuscule bureau, mis à sa disposition. Jacques Chirac, qui vit à un rythme effréné, suit de loin l'éducation d'une fille qui joue la princesse aux pieds nus dans les 1 500 mètres de l'appartement de fonction parental, qu'elle transforme volontiers en loft, dès que l'occasion s'en présente.

L'adolescente y donne parfois des fêtes, elle y fait ses premières javas. Les copains défilent : le jockey Darie Boutboul, le perchiste Patrick Abada, l'acteur Vincent Lindon, les deux fils de Michel Debré... entourent Claude, qui s'emploie à contrebalancer, un brin provoc', l'allure sévère d'un père qui renvoie à sa fille l'image d'un homme-machine de la politique au comportement quotidien somnambulique. On la croise ainsi, filant dans les étages, chantant à tue-tête et affublée d'un look – santiags, bandana, colifichets et jeans troués – qui détonne dans le décorum imposant de l'Hôtel de Ville. « Fifille » énerve. Et la légion de fonctionnaires en cols blancs, croisés dans les couloirs, mines parcheminées et allures compassées, la jaugent en levant les yeux au ciel. La presse, aussi, découvre cette jeune inconnue du grand public, une « baba cool », au franc-parler détonnant et dont la silhouette s'insinue doucement dans le paysage du très hiératique Chirac. Elle n'a pas vingt ans quand elle débarque, en juin 1979, à la surprise du Tout-Paris, au bras de son père, à l'inauguration du Palais Omnisports de Bercy, à Paris. Soigneusement maquillée, lovée dans un tailleur du plus grand chic et mitraillée par les photographes, Claude est resplendissante. Un petit soldat en jupon au regard chafouin, qui semble plongé dans un conte de fées : voilà l'image qu'elle offre aux médias. Or, si la jeune femme espiègle, qui chuinte à l'oreille de son père, n'est pas encore le sabreur qu'elle deviendra, elle a déjà en tête quelques idées arrêtées.

À commencer par cette volonté de polir l'image d'un père, qu'elle juge ringarde. « T'es coincé, regarde-toi. T'as l'air d'un vieux ! » lui balance-t-elle, fréquemment, avant de bousculer les chargés de communication de la mairie de Paris, afin qu'ils s'activent pour moderniser le look de leur patron. Pour Claude, qui fréquente les nuits parisiennes, les hiérarques du RPR forment une légion de caco-chymes coupés du monde réel. L'objectif est de rap-procher Jacques Chirac d'un électorat qui l'ignore : les jeunes. Un leitmotiv que martèlera Claude à l'oreille de son père presque deux décennies durant et pour lequel elle n'a cessé de déployer, jusqu'à aujourd'hui, des efforts en tous genres. Mais le plus souvent sans grands résultats… Enfermé dans l'image statufiée du président de la République, qu'il est convaincu de devenir, Jacques Chirac, qui est le contraire de la spontanéité, semble incapable de trouver les mots et l'attitude justes. À ce jeu, « Chirac », explique-t-elle, déjà à l'époque, prend le risque de creuser la tombe de ses ambitions présiden-tielles. Car si Jacques Chirac inhale les rapports de force et renifle la politique et les hommes comme personne, il n'est pas à son aise avec les jeunes généra-tions. Il n'a le plus souvent que des messages sans chaleur, inaudibles et amidonnés à leur délivrer.

Aussi, quand il accepte, de mauvaise grâce, de forcer sa nature, le résultat se révèle le plus souvent calamiteux. Lors d'un voyage officiel au Canada, à la fin des années 70, on le voit ainsi déambuler dans les rues de Montréal, traînant sur ses épaules, tel un mal-heureux, un blouson de cuir noir que lui a choisi Claude. Une image à contre-emploi qui fait le tour des magazines.

À l'époque, tout est bon pour tenter de relooker Chirac. Apparaît ainsi, en coulisse, une poignée de journalistes comme Yves Mourousi ou Julien Lepers, appelés à la rescousse par les « communicants » de l'Hôtel de Ville qui leur demandent d'imaginer des mises en scène à l'américaine pour les meetings en province.

Tandis que d'autres s'affairent à rénover l'image d'un homme politique à côté duquel VGE semble faire figure de star du rock, tandis que des apprentis gourous de la com' moulinent des idées, Claude joue les habilleuses en chef. Elle prodigue à son père ses premiers conseils vestimentaires. Intervient sur le choix de ses cravates, visite son dressing, passe ses costumes en revue et sillonne Paris en quête de couturiers dignes de ce nom.

Parallèlement, la jeune femme commence à mettre son nez dans son agenda. Elle cherche à le sortir de son quotidien, contre la batterie de secrétaires et de collaborateurs qui défendent son bureau, tel un bunker. Au fil des mois, elle parvient pourtant à l'en extirper. On voit ainsi Claude entraîner son père dans la visite d'une exposition, dont parle le Tout-Paris et que lui aura conseillé le couple Jacques et Lise Toubon, chez qui Claude va piquer conseils et idées... une expo, un film, un concert. Au micro d'une radio, l'on entend Jacques Chirac intervenir sur des sujets inattendus : l'écologie, les méfaits du cannabis, l'architecture... Elle parvient même à le convaincre d'écouter, entre deux réunions, quelques bribes du dernier tube de Johnny Hallyday, qui fait un tabac chez les disquaires, lui dit-elle.

Ainsi, avec Claude, c'est une douce euphorie communicative qui s'empare de l'Hôtel de Ville. Un tourbillon d'initiatives festives qui voit l'ensemble de la famille Chirac s'enivrer au contact de cette jeune fille bourrée d'énergie, qui « pète le feu », et dégage de l'optimisme et de la joie de vivre. Bernadette, elle-même, cède à cette douce folie ambiante. On la surprend à virevolter de groupe en groupe, en sirotant du champagne, sous les lambris des salons de l'Hôtel de Ville, lors de la visite à Paris de la chanteuse Madona. Légèrement pompette, Madame se laisse même embarquer, au terme de la soirée, par Johnny Hallyday qui l'emmène faire un tour dans les rues de Paris en Ferrari...

3.

Claude et Bernadette

Bernadette, la sainte, une mère supérieure convertie à la politique et dont l'allure pète-sec et corsetée en impose. Claude l'affranchie, qui navigue hors des sentiers battus, tout le contraire du conservatisme. Bernadette, le porte-drapeau des valeurs familiales traditionnelles, opposée au divorce et au Pacs, une femme de principes. Claude, un spécimen de la génération « bobo », une jeune fille qui a grandi avec *NRJ* et *Canal+*, avant de devenir une fervente de la France black, blanc, beur. Une femme de son époque qui a presque fait « un enfant toute seule »...

Tout semble opposer ces deux êtres, en apparence. Et pourtant... Certains ont longtemps cru déceler chez Bernadette et Claude Chirac une habile répartition des rôles : à la première, la défense des valeurs familiales, le respect de quelques codes républicains ; à la seconde la revendication de thèmes sociaux hérités de Mai 1968 et un penchant pour les idéaux de gauche.

La réalité est plus complexe. Bernadette n'est pas seulement la grenouille de bénitier aux accents intégristes que l'on brocarde. Et Claude Chirac, une virago féministe égarée à droite, aux éclats de gorgone. Si ces deux femmes ont une fâcheuse tendance à s'affronter et parfois violemment, à propos de tout et de rien, l'essentiel les rapproche et les soude indéfectiblement. Drossées par les épreuves, malmenées par la vie, aguerries par des années de lutte politique et aimantées par le pouvoir, cette mère et sa fille sont des modèles de ténacité et d'abnégation. Un attelage insolite, qui cultive et partage, en secret, une même passion pour un homme que l'une et l'autre servent chacune à leur manière. Pourquoi ne pas l'avancer sans en sourire : ces deux femmes ont « Jacques dans la peau ».

Elles ont toujours eu le désir d'emmener « Chirac » à la victoire. Si elles s'affrontent sur les questions d'intendance, se crêpent le chignon sur des points de détail, elles ne font qu'une lorsqu'on touche à l'essentiel. Elles qui partagent ce même goût de la traque en politique, et une même haine pour ceux qui leur auront fait défaut, se comprennent au quart de tour. Bernadette aurait certainement fait une parfaite Marie de Medicis, intraitable et habile. Ainsi, les mois qui ont précédé l'élection de 1995, elle s'est employée, aux côtés de Claude, à ostraciser Balladur et sa « clique ». L'une sur le terrain, l'autre en coulisse.

Il y a chez Bernadette, comme chez Claude Chirac, un même sens de l'État et du devoir, poussé à l'extrême. Une égale volonté, farouche, d'aller ensemble, côte à côte, jusqu'au bout d'un quinquennat dont elles s'emploient à verrouiller chaque étape. Et enfin, cette même propension à rendre coup pour coup, dès lors qu'il s'agit de la survie politique et de la place dans l'Histoire d'un homme pour lequel elles ont tant sacrifié.

Il faudrait être sot pour s'imaginer que Bernadette et Claude Chirac n'auraient eu de cesse de s'entre-déchirer autour de la dépouille politique d'un président de la République en fin de mandat. Il s'agit plus simplement des relations, on ne peut plus classiques, et forcément volcaniques, comme dans bien des foyers, d'une mère et de sa fille. Quand la maison Chirac est assiégée, que l'ennemi – Édouard Balladur hier, Nicolas Sarkozy, aujourd'hui – est aux portes, on fait table rase de ses divergences, on resserre les rangs. Si Claude Chirac, apprenant que sa mère s'apprête à participer à une émission de télévision, peut se révéler assassine, elle est, en revanche, la première à l'approuver sans l'ombre d'une hésitation, dès lors qu'il s'agit de « black-lister » un sherpa pris en flagrant délit de déloyauté, Claude opine alors du chef. Elle signe des deux mains : c'est fini.

Et puis il y a la mère. Combien de fois, Line Renaud, vestale et confidente de longue date de la famille Chirac, a t-elle entendu, jusqu'à ces derniers mois encore, Bernadette Chirac l'interroger, d'un ton inquiet sur l'état de fatigue de sa fille : « Vous qui la voyez souvent, comment la trouvez-vous en ce moment. Elle en fait trop ? Rassurez-moi, Line, Claude va bien ? »

Quand au lendemain de l'élection de Jacques Chirac en 2002, Bernadette Chirac apparaît à la tribune, le 6 mai, place de la République, aux côtés de son époux et de sa fille, devant plusieurs milliers de jeunes, issus de la génération black, blanc, beur, venus fêter la défaite de Le Pen, on croit à une erreur de casting. C'est bien « Bernie » qui est là ce soir. Et cette dernière, à l'applaudimètre, n'a rien à envier à son époux. Pourtant cette place, elle l'a gagnée de haute lutte. Pendant des mois, Claude s'était battue en coulisse pour écarter sa mère de la campagne, convaincue que l'image, empesée et vieillotte de celle-ci, serait contre-productive. Alors, sa présence sur les tréteaux... Depuis elle a changé radicalement d'avis. La jeune femme s'est rangée aux arguments de ceux qui, sondages et études à l'appui, lui ont montré que Bernadette Chirac avait un réel impact politique et médiatique. Que celle que les Guignols de l'info brocardent depuis des années incarne, en vérité, un grand nombre de valeurs auxquelles les Français ne sont pas insensibles : la ténacité, le courage, l'écoute de la province, le refus d'une Europe supra dominante...

Sauver le soldat Chirac ! C'est le point cardinal, l'obsession de Claude. Au grand dam de Bernadette, qui s'est souvent sentie reléguée sur les bas-côtés. Cet exil a longtemps été mal vécu par celle qui a tant bataillé depuis quarante ans avec Jacques Chirac et partagé chaque instant de sa lente ascension vers l'Élysée. Or c'est sa fille qui aux yeux des médias incarne la victoire depuis les élections de 1995.

Claude n'a de cesse d'être aux côtés de son père : décisive dans la politique de communication, omnipotente lors du moindre de ses déplacements, en France, comme à l'étranger, incontournable au sein de son pré-carré. Dès l'élection de Jacques Chirac, le ton est donné : Bernadette regagne la coulisse. De concert avec Dominique de Villepin, Claude impose que sa mère ne soit pas du déjeuner organisé avec les jeunes, le 14 juillet : pas question de transformer cette opération de communication en un jamboree scout. L'épouse du président risque de détonner. C'est l'un des sbires de Claude Chirac qui se chargea de transmettre le message en expliquant, avec moult circonvolutions, à la première dame de France que sa présence, jugée inopportune, donnerait aux jeunes le sentiment d'avoir en face d'eux « papa, maman et les enfants ».

Bernadette en est d'autant plus mortifiée que ce n'est pas la première fois qu'elle subit des offenses de ce genre. Des mises à l'écart qui blessent son orgueil en public et son amour dans l'intimité. Bernadette par exemple supporte de moins en moins les échanges interminables entre Claude et son père, à l'abri des portes capitonnées. Le soir venu, à l'heure du dîner, elle s'agace de leurs sourires en coin et de leurs apartés. « Mais qu'avez-vous donc à pouffer comme des idiots ? » : combien de fois Claude s'est-elle amusée, sous le regard complice de son père, à essayer de faire dire à sa mère un mot incongru, glissé dans le flot de la conversation : bidet, pognon, courgette… Des jeux à l'humour potache qui ont pour effet de le ravir.

Voilà une éternité qu'il n'y en a plus que pour Claude. Déjà dans les années 1986-1988, lors de la première cohabitation, Bernadette avait modérément apprécié que sa fille fasse une OPA sur son père. Elle s'était même insurgée auprès de son époux, considérant que le monde politique n'était pas la place d'un enfant, que sa fille courait un danger à vouloir se frotter, à tout prix, à cet univers, que Bernadette a toujours jugé cruel et anxiogène. Ainsi, après les premiers jours d'euphorie, au lendemain de la victoire de 1995, Bernadette ne cache pas son irritation, agacée à l'idée que Claude continue de jouer de son influence et que Chirac « picore » chez sa cadette tantôt un soutien, tantôt un avis. Combien de fois Bernadette Chirac a-t-elle surpris son époux, dans une foule ou à une tribune, chercher le regard de Claude. Puis le capter et guetter chez elle un verdict, une approbation. Combien de fois a t-elle répété, à cette époque, qu'elle aurait voulu que sa fille prenne du champ, s'éloigne de la politique, bref « lâche Chirac » et quitte la France pour aller refaire sa vie, aux États-Unis ou ailleurs. Le plus loin possible de la rue du Faubourg-Saint-Honoré, en tout cas. Mettre Claude à l'abri : voilà l'obsession. « Mes enfants n'ont aucune attirance pour la vie politique », confiait-elle ainsi au *Figaro*, en mars 1978. À l'époque, elle affirmait qu'elle ferait tout pour qu'aucune d'entre elles n'épouse, un jour, un homme politique.

Caser Claude ! Très tôt, Bernadette a cherché à marier sa cadette. Ah, un mariage avec une illustre famille ! Un capitaine d'industrie, un ténor de la haute finance... Et pourquoi pas, l'un des héritiers d'une grande couronne européenne ? Rien qui enthousiasme Claude : elle entre dans une colère noire dès que sa mère aborde le sujet. Un jour, elle explose devant sa mère, assises toutes deux sur la banquette arrière de la voiture qui les ramène au domicile familial. L'échange est si vif que Claude claque la portière, en larmes, à un feu rouge, après que sa mère lui a fait la leçon, une nouvelle fois. « J'ai bien réfléchi, Claude... » Et de lui souffler dans le creux de l'oreille le nom d'un éventuel prétendant : Jean-François Decaux, le fils aîné du magnat de l'affichage, un « beau parti, tu sais ». « C'est cela, vous voulez absolument me vendre, toi et papa ! » hurle la jeune fille, avant que sa mère, dans une ultime maladresse, ait tenté de l'amadouer, ajoutant dans un murmure : « Il y a aussi le petit Pinault, tu sais... », le fils de l'industriel François Pinault, un ami des Chirac.

Caser Claude... Une quête permanente qui voit Bernadette décliner le Who's Who, convaincue qu'elle finira bien par dénicher celui qui fera de sa fille une épouse promise au Gotha. À cette époque, Bernadette tente même de la convaincre de regarder « d'un peu plus près » le jeune prince Albert de Monaco. Et d'imaginer les couvertures de *Match* ou de *Point de vue* : « Un Grimaldi épousant une Courcel »... On peut rêver.

Mais, à la vérité, Bernadette Chirac n'a jamais eu la moindre prise sur la vie privée de sa fille qui devient cassante si on l'asticote et n'hésite pas à envoyer sur les roses celle qui s'est mis en tête d'organiser la descendance des Chirac, qui tente de planifier, de manager, de manière intrusive, sa vie sentimentale. Peine perdue ! Bernadette Chirac, comme tant d'autres mères, assiste, les bras ballants, au défilé des soupirants. Comme beaucoup, elle soupire au spectacle d'une jeune fille papillonnant d'aventure en aventure. Bref, comme tant de mamans de France et de Navarre, elle s'inquiète. Combien de fois a-t-elle pris la mouche en découvrant le nom du dernier soupirant en date : un « écervelé », un « chanteur raté »... « Et quoi encore, demain... »

C'est d'un ton excédé qu'elle commente ainsi, un brin vacharde, à l'été 1988, l'escapade anglaise de Claude et de Nicolas Sarkozy. Le jeune parlementaire, député-maire de Neuilly, qui fait la cour à leur fille, a décidé de l'emmener au tournoi de Tennis de Wimbledon. Pour cela il emprunte le jet privé de l'afficheur Jean-Claude Decaux. Bernadette n'a jamais bien accepté ce tête-à-tête, dont le Tout-Paris de l'époque fait des gorges chaudes. Elle n'a pas de mots assez durs pour commenter cette escapade londonniene. Évoquant l'appartement de la rue du Bac, le refuge parisien des Chirac, elle lâchera même un jour, à l'un de ses intimes qui l'interrogeait sur Nicolas Sarkozy, cette phrase, décantée en gouttes de fiel : « Ce garçon est le seul à avoir connu les draps de la famille. » Seize ans ont passé depuis. Aujourd'hui, le regard de Bernadette Chirac vis-à-vis de Sarkozy a bien changé. Invitée à dîner à l'été 2006, par le patron de LVMH, Bernard Arnault, dans sa propriété de Ramatuelle, en compagnie de quelques personnalités, dont le couturier Karl Lagarfeld et l'actrice Charlotte Rampling, Bernadette Chirac lance à la cantonade, à la fin du repas : « Et vous, vous êtes quoi ? Villepiniste ou sarkozyste ? » Devant le silence embarrassé des convives, elle lâche : « Moi, en tous les cas, je peux vous le dire, j'ai choisi depuis longtemps mon camp : c'est Sarkozy ! »

Une conversion inattendue que n'est pas près d'opérer Claude. La jeune femme n'a pas pardonné au patron de l'UMP de l'avoir snobée, puis ignorée, du jour au lendemain. Mais, plus grave, elle n'a pas oublié, contrairement à sa mère, l'épisode de 1994 et sa défection. Claude qui pensait avoir trouvé, au début des années 80, un ami délicat en plus d'un soutien, infaillible, pour son père, ne pardonna jamais cette trahison. D'ailleurs Chirac et Claude sont d'accord, une fois de plus, sur le cas « Sarko » : « Comme dit si bien mon père, a longtemps répété Claude, il faut lui marcher dessus et du pied gauche, car ça porte bonheur ! »

Bernadette Chirac, c'est connu, a son franc-parler. Un caractère d'un bloc qui lui permet de masquer ses blessures. Elle ne s'est jamais résolue à accepter l'omniprésence de sa fille, Claude, dans le sillage paternel. Et elle ne manque pas une occasion de la remettre à sa place comme le 15 mai 2002. Ce jour-là, Jacques et Bernadette Chirac reçoivent à l'Élysée l'équipe qui a animé la campagne présidentielle victorieuse. Sur les pelouses du Château, les époux Chirac se livrent, avec bonne humeur, à l'exercice des photos, en compagnie de leur fan club, une poignée de collaborateurs de la première heure. Arrive Claude, qui tente d'arracher quelques instants sa mère au petit groupe qui l'entoure, afin de lui glisser un mot. Sidéré, le petit attroupement entend Bernadette lâcher à sa fille de trente-neuf ans, sur un ton infantilisant : « Tu vois, Claude, je suis en train de converser avec des gens qui ont beaucoup fait pour la réélection de ton papa. Alors, je t'en prie, laisse-nous. » Ce qu'elle fit, furibarde...

Les escarmouches sont ainsi légion entre cette mère et sa fille. Rien que de très classique, pourtant : ces anicroches témoignent moins d'une inimité, que d'une opposition de caractères. Même si le contenu de leurs échanges, qui refroidissent les entourages, peut se révéler explosif.

Bernadette Chirac, il est vrai, a parfois de solides raisons de se plaindre du sort qui lui est fait. Et elle accepte d'autant plus difficilement ces mises au rancart qu'elle jouit, sondage après sondage, d'une vraie cote de sympathie, auprès d'une écrasante majorité de Français, notamment chez les jeunes. Las de se voir écarter d'un grand nombre de manifestations officielles, quand ce ne sont pas des réunions plus privées, organisées par sa fille, il lui faut ruer dans les brancards et se battre pour s'imposer. En témoigne cette autre scène qui se déroula, à l'hiver 2004, au restaurant le *Tong Yen*, à Paris. L'animateur, Michel Drucker, qui y déjeune, croise Bernadette Chirac à qui il rappelle une de leurs précédentes rencontres, lors d'une petite fête organisée, à l'Élysée, à l'occasion de l'anniversaire de « Jacques ». « Et cette année, que faites-vous, justement ? interroge l'homme de télé. D'un ton glacial, Bernadette lui répond, avec un geste de dépit : « Michel, vous me croirez ou non, mais comme c'est Claude qui a tout organisé, que c'est elle et elle seule qui invite, je ne suis pas sûre d'être conviée ! »

D'autres épisodes ont tout autant marqué Bernadette. Ainsi de la garden-party du 14 juillet 1998. Oubli délibéré, boulette, maladresse insigne ? Toujours est-il que, ce jour-là, Jacques Chirac semble sincèrement surpris par l'absence remarquée de Bernadette, qui a disparu depuis le matin. Une absence d'autant plus surprenante que les cartons d'invitation avaient été adressés, comme de coutume, aux noms du président de la République et de Madame. Quelques heures auparavant, Bernadette Chirac avait également boudé le défilé militaire, place de la Concorde. Que s'était-il donc passé ? L'épouse du président de la République n'avait pas digéré d'avoir été interdite de Stade de France, quatre jours plus tôt, lors de la finale de la Coupe du monde de football. Un événement trop festif, trop glamour et donc trop décalé pour Bernadette et son « look mémère », avait jugé Claude. Bernadette avait décidé, du coup, de boycotter le raout élyséen prétextant un saut de puce en Corrèze, où se déroulait, alors, une épreuve contre la montre du Tour de France cycliste. Pendant ce temps, à l'Élysée, où avait été convié l'ensemble de l'équipe championne du monde, Claude Chirac s'était promue ce jour-là, le temps d'un cocktail, et par raccroc, première dame de France...

4.

Line et Claude

Et puis, il y a Line. Plus qu'un prénom, une grève où elle va s'échouer quand tout va mal, où elle trouve asile et recharge ses accus. Un sas de décompression devenu une étape obligée. Line Renaud est bien plus qu'une simple confidente, bien mieux qu'une complice, c'est un membre de la famille. Celle sur laquelle elle s'appuie, chez laquelle elle s'épanche et trouve, à tout instant, écoute, soutien et réconfort. Entre elles deux s'est nouée, au fil des années, une relation très forte. Au point que Line Renaud s'inquiète du jour où elle disparaîtra, convaincue que sa mort sera un drame pour celle qu'elle n'est pas loin de considérer, tout simplement, comme le fruit de sa chair.

C'est de 1975 que date leur toute première rencontre. Bernadette Chirac et Line Renaud prenaient un jour le thé à l'hôtel Intercontinental, à Paris. Et Claude est arrivée. La chanteuse tombe immédiate-

51

ment sous le charme de cette gamine timide et réservée : elle la prend sous son aile. En 1984, presque dix années plus tard, Jacques et Bernadette Chirac s'envolent pour quatre jours aux États-Unis, avec Claude dans leurs bagages, afin d'assister à quelques épreuves des Jeux olympiques de Los Angeles. Line Renaud, qui s'y est installée, les y héberge. Le couple reste le temps d'un bref séjour mais Line Renaud insiste pour garder Claude auprès d'elle pendant un mois.

Âgée alors d'à peine vingt et un ans, la jeune fille assiste, à Dallas, à la Convention du parti Républicain, aux côtés de Ronald Reagan. Elle passe un long moment à converser, en tête à tête, avec le gouverneur du Nevada qu'elle questionne sur la vie politique américaine. « Un rêve éveillé pour cette adolescente que je regardais comme la fille que je n'ai jamais eue », confesse, aujourd'hui, Line Renaud, qui accueille régulièrement chez elle, à la Jonchères, sa propriété près de Paris, la jeune femme, son fils, Martin, le chien, Scott. Et qu'accompagne, de temps à autre, le temps d'un week-end, l'actrice Michèle Laroque, une amie devenue l'une des rares intimes de Claude Chirac.

Complicité, encore... Pour fêter ses soixante-treize ans, le 29 novembre 2005, Jacques Chirac avait tenu à réunir autour de lui, dans un restaurant parisien, son épouse, sa fille et Line Renaud. Celle-ci se tordait de douleur, en silence, à cause d'une mauvaise chute. Assise à ses côtés, Claude Chirac, qui n'avait rien dit de l'accident à ses parents, réconfortait discrètement sa voisine : une main posée sur son épaule endolorie, quelques chuchotis de réconfort à l'oreille. Jamais en bientôt trente ans, l'une n'a failli à l'égard de l'autre. Bien des années plus tôt, en 1980, la mère de Line Renaud, alors gravement malade avait été hospitalisée à Paris. Durant des semaines, Claude Chirac était venue camper à son chevet, entourant Line Renaud de toute son affection.

C'est cette même jeune femme qui, tout aussi discrètement, manifesta, à l'hiver 2003, des montagnes de sollicitudes pour Vincent Imbert, ce jeune malade incurable qui bouleversa la France, en revendiquant, avec force et dignité, la liberté d'en finir. Un drame qu'elle prit à bras-le-corps, s'enquérant, quotidiennement, de l'état de santé du garçon, écrivant et téléphonant à sa mère, qu'elle assura de sa compassion, remuant ciel et terre pour trouver des médecins qui puissent alléger sa souffrance. Et houspillant, enfin, son père, pour qu'il se joigne à elle dans ses démarches… La fille Chirac ? Un personnage à deux faces : le cœur en lambeaux, quand la misère des autres devient insupportable. La dague au poing, si l'on s'attaque aux siens.

Une vraie Chirac. L'homme a passé sa vie à se démener au chevet de ceux qu'il affectionne et que la maladie a fauchés. À harceler les hôpitaux, pour trouver un lit ou un médecin pour un proche. Quand ce n'est pas un inconnu, sur le sort duquel on l'aura alerté. À embrasser le front des morts. À réconforter les veuves et panser les blessures. Jacques

Chirac reporte-t-il, ainsi, sur les autres – et sur Claude – l'attention et la tendresse qu'il n'aurait pas su donner aux siens, à commencer par sa fille aînée, Laurence ? Interrogée en juin 1986 par *Madame Figaro*, Claude fit cette réponse : « Papa a un cœur grand comme l'Hôtel de Ville. Il est capable de se mettre en quatre pour arranger la situation d'une famille désespérée. Quitte à prendre sur son sommeil pour trouver une solution ou décaler un rendez-vous pour parler avec moi, s'il sent un brin d'inquiétude ou de désespoir dans ma voix... » À l'entendre, ce centurion de la politique aurait, sous l'Empire romain, déchiré sa toge pour la donner aux plus démunis..

5.

Elle c'est lui, lui c'est elle

Elle c'est lui, lui c'est elle ! Lien de sang, piété filiale, esprit de clan, esprit de corps... La complicité entre le père et la fille cadette est totale. D'un côté, un grand escogriffe au sang sulfureux, de l'autre, un petit bout de femme tout en nerfs. On trouve, chez eux, une même impulsivité, une même énergie. Menottée à jamais à cet homme qui semble paniquer dès qu'elle s'éloigne de lui, Claude Chirac dédouane son père de tout : de ses frasques et de ses faux pas. Une relation devenue fusionnelle avec la campagne présidentielle de 1995, où Jacques Chirac a eu, à maintes reprises, l'occasion de jauger son étonnante solidité. Elle resta la seule, avec sa mère, à se tenir debout, quand les sondages étaient au plus bas et que tout se disloquait autour d'eux. Même Bernadette Chirac en conviendra, bien plus tard. Dans son livre *Conversation*, elle revient sur le rôle que sa fille occupa, juste avant l'échéance de 1995 : « Peu à peu, Claude organisait son existence... écrit-elle. On arrive à la campagne présidentielle avec cet échec annoncé et ce flot terrible de trahisons. Mais sa fille reste là, elle le rassure, elle croit en lui. » Tout est dit. Claude Chirac s'est fait un prénom. Ceux qui pensent que la femme mûre s'est affranchie au fil du temps de cette figure tutélaire se trompent. L'ombre de « Chirac » continue d'envelopper, comme jamais, celle qui lui voue une dévotion absolue. Croire que Jacques Chirac ait tenté un jour de la décourager de le suivre, serait méconnaître le fonctionnement du « couple ». Quand le premier est sur le terrain, la seconde est sur le pied de guerre, à la fois, vigie et *bodyguard*. Et, quand il arrive à Claude de flancher, c'est au tour de « Chirac » de se porter, illico, à la rescousse. Ceux qui ont pu visiter, un jour, l'appartement parisien de la jeune femme ont été frappés par sa salle de bains, une pièce transformée en mausolée à l'effigie du héros : une collection de photos du père de la nation parsèment les murs, du sol jusqu'au plafond.

C'est que Claude a non seulement grandi avec Jacques Chirac, mais elle a fait son apprentissage de citoyenne durant les « années Chirac ». À l'instar de toute une génération, l'éveil de sa conscience politique coïncide avec l'accession de son père à Matignon, puis à l'Élysée. Comme des millions de Français, Claude a été imprégnée par le chiraquisme, qu'il ait engendré chez elle satisfaction ou désillusion. Dès son plus jeune âge, elle a vécu au rythme des apparitions télévisées d'un homme, dont elle connaît, mieux que personne, le vocabulaire et la gestuelle. « Chirac » fut, à bien des égards, son premier précepteur. Outre la tolérance, ce dernier lui a appris le sang-froid et la dignité. Garder la tête droite en toutes circonstances, toiser l'obstacle, sans broncher, affronter le malheur, sans affectation : c'est la marque de fabrique d'un Chirac. Des traits de caractère que sont venus compléter ceux de sa mère : même intonation, même humour glaçant, même pragmatisme aussi. Même dévotion enfin. « Je n'oublierai jamais le jour où papa m'a appelée à la montagne pour m'annoncer que mon vieux chien, Uxcal, était mourant », raconte-t-elle, en juin 1986, au *Figaro Magazine*. « J'étais si affectée par sa disparition que maman a fini par se faire du souci pour ma santé. Alors, papa m'a appelée dans son bureau et m'a dit : "Je comprends ton chagrin ; je sais que tu aimais beaucoup ton cocker, on l'enterrera dans le jardin, je te le promets. Mais tu dois faire face et te tenir droite, maintenant, devant ta mère pour ne pas la faire souffrir inutilement. Si tu as envie de pleurer, pleure, mais fais en sorte que personne ne te voie"... » C'est seulement à l'écart des estrades et à l'abri des regards qu'un homme politique peut baisser la garde, a toujours expliqué Chirac. Et c'est aussi seul, face à lui-même, dans sa chambre, qu'un enfant doit affronter ses angoisses et soigner son cœur.

Ainsi au fil des années, Claude Chirac a puisé chez son père, dont elle a semblé avoir cloné bien des traits de caractère, la force et l'énergie qui lui manquaient à l'adolescence. Proverbe familial : « Si la politique est une insupportable fournaise, la règle veut que l'on y survive en serrant les rangs. » Lors de son passage à Matignon, Lionel Jospin avait été frappé par le magnétisme qui semblait se dégager de ce tandem. Il avait remarqué nombre de petits signes et de regards, furtivement échangés, qu'il retrouvait à chacun de ses déplacements. D'un côté, un père au pupitre, plongé dans son discours. De l'autre, une fille, branchée sur un GPS imaginaire, l'accompagnant des yeux, du fond de la salle. Comme l'on suit une partition : une copie du discours dans la main droite, un crayon dans la main gauche. « Mon père, ce héros… », « Ma fille, cette pro ! »

On pourrait croire que l'influence de Claude diminue avec les années. Il n'en est rien, au contraire. Elle n'a simplement plus à l'exercer, tant ils se ressemblent et se comprennent. Claude est la seule qui puisse mettre un doigt devant sa bouche pour signifier à son père de se taire, ce que confirment nombre d'anciens autres Premiers ministres, fidèles de Chirac, d'Alain Juppé à Jean-Pierre Raffarin. Une scène mille fois observée. Ainsi, Claude Chirac est-elle devenue avec les années l'un des principaux rouages de la machine chiraquienne. Lorsque j'en discute avec Claude Chirac lors de notre déjeuner, elle lève les yeux au ciel et minimise d'un « pfuittt ! » exaspéré son influence : « Je ne me borne qu'à gérer les techniques de communication. Un rôle de petite main. Tout le reste n'est que purs fantasmes… »

Elle joue les modestes. Si ces deux-là se sont trouvés, ce n'est pas parce que la première a appris au second à utiliser un prompteur ou à éviter la question d'un journaliste. Non, c'est parce que Claude Chirac est devenue son « homme » à tout faire : tout à la fois démineur, agent de liaison, conseiller politique, homme de main, tête chercheuse. Et accessoirement « re-lookeuse », son premier métier à ses côtés. Alors qu'ils étaient invités à dîner, un soir, chez les Balladur, quand ce dernier était Premier ministre, Claude Chirac s'emporta sur le pas de la porte en découvrant le pull, de couleur noire, qu'avait choisi de porter son père. Il n'eut pas d'autre choix que d'aller se changer, sous le regard excédé de son épouse. Ce n'est pas du népotisme chez Jacques Chirac, plus simplement le réflexe d'un homme qui a décidé de s'appuyer sur celle qui lui apparaît la plus digne de confiance ; et plus seulement pour le choix de ses costumes, de ses mocassins ou de ses cravates. Elle est la seule à oser lui dire les choses, quand les entourages s'abritent derrière les formules refuges. La seule à pouvoir lui parler de manière carrée. À oser le remettre à sa place, après qu'elle l'eut surpris en train de discuter, « of the record », avec des journalistes, trop heureux de l'aubaine, au risque de commettre une gaffe. La seule, enfin, à pouvoir lui raccrocher au nez, au terme d'un échange vif, avec un « salut » peu protocolaire.

À l'inverse, l'intéressé ne peut pas se passer d'elle. Il appelle Claude à tout bout de champ. Il la consulte plusieurs fois par jour, de son bureau, de sa voiture, d'une chambre d'hôtel au bout du monde. Lors d'un voyage officiel à Tokyo, il y a quelques années, déjà, elle lui tint un jour, au téléphone et devant témoins, des propos d'une sécheresse inouïe :

« Tiens-toi, tu veux ! Ne déconne pas. Évite d'aller te vautrer avec je ne sais qui. Avec toutes ces traînées qui te courent aux fesses ! » Une mère tançant son fils… Et qui morigène sa mère, justement là aussi. Elle l'a longtemps appelée « Bouboule », pour mieux lui rappeler ses rondeurs. Elle la reprend sur ses tenues : « T'as vu comme tu es attifée, on dirait une vieille ! » Claude ne lui passe rien. Si d'aventure, elle la surprend en train de s'attarder à un buffet et à rôder autour des petits fours, la sanction se révèle immédiate : « Stop sur les kilos ! » Une Chirac pur sucre chez laquelle on retrouve les rudoiements de la mère et le lexique du père : un vocabulaire imagé autant qu'inattendu, digne parfois d'une troisième mi-temps de rugby, dans la bouche d'une jeune fille de bonne famille. Ce « connard » de Gourdault-Montagne, le conseiller diplomatique de Jaques Chirac, à l'Élysée, ce « pédé » de Devedjian, cet « abruti » de Villepin, cette « lopette » de Balladur…

Capable de blagues salaces, la grossièreté, dans ce qu'elle a parfois de primitif, l'amuse. Comme son père, elle ne répugne pas à verser, ainsi, dans le lyrisme machiste. Combien de fois a-t-elle surpris son maître en la matière lancé, brut de décoffrage, dans des sorties toute rabelaisienne, sous le regard stupéfait de son entourage. « Ça m'en touche une, sans faire bouger l'autre », reste l'une de ses expressions favorites. Mais son lexique est inépuisable. Le journaliste Serge July rapporte dans l'un de ses ouvrages, *Le Salon des artistes,* qu'un jour, à Matignon, son confrère Jean-François Kahn, qui interrogeait Jacques Chirac, alors Premier ministre, sur une question relative à la doctrine militaire, se fit remettre à sa place, en ces termes : « C'est une question d'intellectuel qui se branle, éclabousse le mur avec et s'interroge sur l'effet que cela fait. » Aucun des éditorialistes, présents ce jour-là, ne s'étonna, quelques mois plus tard, d'entendre le même Chirac gloser sur le sort qu'il réservait aux « couilles » de Margaret Thatcher. Rien qui ne surprenne son monde. Claude ne s'en offusque pas : les embardées de son père l'amusent et la rassurent. Jacques Chirac puise son réconfort dans ces moments de relâchement : lorsqu'il se « lâche », l'homme jubile. Incapable de brider sa nature, il se plaît alors à en rajouter, et Claude Chirac n'est pas la dernière à éclater de rire au spectacle des sorties de route d'un père qui ne sait pas résister à un bon mot. Tranquillement allongé un jour sur un transat, au bord de la piscine de l'*Eden Roc*, à Cannes, en compagnie de sa fille, de Jean-Paul Belmondo et de sa compagne de l'époque, la sculpturale mannequin Carlos Sotomayor, Chirac s'exclama soudainement, dans un glapissement adolescent : « Mais elle a un cul, un cul… ! » L'éclat de rire fut général.

Si père et fille versent aisément dans la métaphore sexuelle, sur le plan strict des idées, ils ne font qu'un, également. Fini l'époque où Jacques Chirac devait rappeler à l'ordre ses collaborateurs, afin de leur énumérer les qualités de sa fille. Désormais, Claude occupe tout l'espace. Et plus personne ne s'aventurerait à discuter sa présence, vu son tempérament volcanique. Un côté pète-sec qui ne date pas d'hier. C'est ainsi qu'un jour de 1988, *Paris Match* avait eu l'idée d'interroger les enfants des différents candidats à l'élection présidentielle, leur demandant quelle serait « la » question qu'ils aimeraient poser à leur père. Jacques Chirac avait convoqué dans son bureau, à Matignon, sa fille et deux de ses conseillers, l'une de ses plumes de l'époque, Christine Albanel, ainsi que l'actuel PDG de la chaîne TV5 Monde, François Bonnemain. Chirac intervient : « Alors, Claude, que souhaiterais-tu me poser comme question ? » « Je ne sais pas », répondit-elle, peu inspirée, « ton meilleur souvenir en politique, par exemple ? » « Trop bateau, coupa Albanel. Demandez-lui, en revanche, quel souvenir, par exemple, il conserve de la naissance de ses deux filles ? » À cette seule évocation, Claude Chirac répliqua d'un ton sec : « Ah, ça, il ne risque pas, puisqu'il n'était pas là ! »

Vraie fille de son père. Elle lui voue une passion monomaniaque, mais elle ne lui passe rien... et lui pardonne tout ! Claude Chirac a ainsi longtemps fermé pudiquement les yeux sur les conquêtes féminines de son père, comme s'il s'agissait d'un compagnon de chambrée pour qui il faut quadriller les alentours afin qu'il puisse faire le mur. Mais si Claude connaît des pans entiers du Chirac privé, le jardin secret de sa fille reste, en revanche, un sanctuaire cadenassé. Celui avec lequel elle a tissé un lien si particulier ne sait rien de son intimité. Adepte du faufilage en douce dès que l'on essaie de la percer à jour, Claude Chirac n'est pas un personnage à multiples facettes, mais à multiples blessures tues. Une écorchée vive qui ne concède rien d'elle-même, y compris à celles et ceux qui fréquentent son cercle le plus intime. Un noyau cotonneux, au centre duquel figurent Line Renaud, Christiane Stahl, Michèle Laroque et Muriel Robin. Des amies auprès desquelles elle va parfois s'épancher et partager quelques bribes de confidences. Rien d'essentiel, jamais.

À l'instar de sa fille, Jacques Chirac n'aime pas la vieille bourgeoisie française, celle qu'incarnent un Édouard Balladur ou un Philippe de Villiers : conservatrice, d'un côté, poujadiste, de l'autre. Ainsi il avait acquiescé quand, en 1994, sa fille s'était opposée à ce que l'on installe le QG de campagne dans le XVIᵉ arrondissement parisien, voulant éviter toute référence au libéralisme. « On ne gagnera jamais, si on dit que l'on est de droite », avait-elle martelé, à l'époque. Du coup, tout le monde s'était rabattu sur des locaux situés boulevard Saint-Germain, en plein quartier « bobo ». Comme lui, elle a le mépris des élites auto-proclamées et des situations acquises. Elle déteste et se méfie de ce que Chirac a toujours appelé les « intellectuels de broussaille », en référence aux « écrivaillons » à cheveux longs. Si de tout temps, ses rivaux se sont enorgueillis d'avoir une pensée, Chirac, lui, a toujours manifesté une aversion pour les « intellos ». À l'instar de Claude, il ne supporte pas la droite, dans ce qu'elle a de plus intransigeant et d'intégriste. En fait, Claude Chirac, qui évolue à droite, pense à gauche. Proche du porte-parole du PS, Julien Dray, ainsi que du fabiusien Pierre Moscovici, chez qui elle va de temps à autre picorer une idée, renifler l'air du temps, cette jeune femme serait, en vérité, culturellement et idéologiquement, plus mitterrandienne que chiraquienne ! C'est ainsi qu'elle n'a jamais caché sa fascination pour l'ancienne icône socialiste. Tout comme elle conserve un souvenir, empreint de respect et d'émotion sincère, pour l'ancien gourou de François Mitterrand, Jacques Pilhan, celui-là même qui lui apprit le métier de communicante à l'Élysée, après que Chirac l'eut « débauché ». Si Nicolas Sarkozy fut son maître en politique, Pilhan reste celui qui la forma aux métiers de la communication.

Les chiraquiens ont toujours été fascinés par François Mitterrand, tout comme les socialistes par de Gaulle. Claude Chirac qui n'échappe pas à la règle trouve des résonances dans certains accents mitterrandiens. Mitterrandolâtrie, encore : Claude Chirac manifeste une sorte d'affection à l'égard de Mazarine, dont elle connut très tôt l'existence, bien avant que la presse ne s'en empare. Elle a aussi le sentiment de partager avec la fille de François Mitterrand un même destin. N'ont-elles pas vécu, toutes les deux, aux côtés d'un père hors norme ? Partagé à distance l'une de l'autre une même passion amoureuse ? Placé sur un piédestal un homme, dont elles pensent que le nom restera gravé à jamais dans l'histoire du pays ? Et que Jacques Chirac, demain, comme François Mitterrand, hier, disparaîtra enchâssé dans les éloges.

Et puis, il y a eu l'enfant, comme l'on disait il y a longtemps dans les familles où la jeune fille avait fauté : Martin, le petit-fils, né hors mariage, que Claude a donné à son père. Une situation tellement banale, à l'image d'une société qui a enterré, avec Mai 1968, l'interdit et le péché. Qui a banalisé l'adultère, démystifié le sacrement du mariage et abandonné toute référence à une époque, maintenant révolue, où la morale empêchait qu'un candidat à l'Élysée fût divorcé ou homosexuel.

Esprit de tolérance, ouverture d'esprit... Jacques Chirac, de son côté, s'est efforcé toute sa vie d'inoculer aux siens ces principes. Un jour d'été à Brégançon, Bernadette avait annoncé à son époux que la messe à laquelle elle s'apprêtait à aller assister serait dite par un prêtre zaïrois. Jacques Chirac, qui n'avait pu s'empêcher de faire une pirouette humoristique – « J'espère que ce garçon est en situation régulière » –, s'était lancé dans la foulée devant sa fille, dans un long plaidoyer, où il n'était question que de la montée croissante, et « préoccupante », du racisme en France et du danger que cela représentait. Un « fléau pour la démocratie » qu'il fallait à tout prix éradiquer, « chasser des esprits », disait-il... Hochant la tête, Claude applaudissait intérieurement. Combien de fois a-t-elle, ainsi, encouragé son père à enfourcher des thèmes puisés à gauche et qui lui tiennent à cœur comme la lutte contre l'exclusion, le refus des discriminations, la défense des minorités, l'homoparentalité... Autant d'idéaux longuement mûris par la jeune femme qui rapporte à son père ce qu'elle entend et voit, chaque jour, au-delà des portes capitonnées de l'Élysée.

Un soir de novembre 1996, Claude Chirac était ainsi revenue, tout excitée, du Palais des Sports de Paris où, incognito, elle était allée écouter le Dalaï-Lama. L'icône bouddhiste venait de s'adresser à plusieurs milliers de jeunes plongés dans un silence de cathédrale. Durant des heures, il avait voulu expliquer pourquoi, selon lui, le genre humain s'égarait. Et comment le monde moderne en était venu à dilapider ses richesses spirituelles, entre jalousies, ostracisme et lucre. Emmitouflée dans un châle et recroquevillée dans un coin de la salle, le nez chaussé d'épaisses lunettes noires, la jeune femme n'en avait pas perdu une miette, impressionnée par cette « dalaïmania », symptomatique d'une société en plein désarroi, d'une jeunesse en perte de repères. « Chirac », ce soir-là, eut droit, jusque tard dans la nuit, à un compte rendu détaillé autant qu'enflammé.

Comme son père, enfin, Claude Chirac doute d'elle-même. Elle cultive comme lui une sorte de complexe à l'égard des artistes et des milieux intellectuels en général, qu'elle ne fréquente pas. Atavisme, là aussi ? Dieu sait pourtant que Jacques Chirac, qui a coutume de dire qu'il ne lit pas un livre, n'écoute pas un disque et ne connaît pas un peintre, en a stupéfié plus d'un par son savoir, à commencer par sa fille. Combien de visiteurs, patrons de presse, hommes politiques ou chefs d'entreprise, sont sortis de son bureau estomaqués, après qu'il leur eut docte-ment dispensé un cours magistral, servi par une pensée au laser. Un numéro de haute voltige qui l'a vu, tantôt disserter sur l'art africain, tantôt décrypter, comme personne, l'une des problématiques du Moyen-Orient, devenue soudainement limpide.

Et puis il y a le Chirac des buvettes et des propos de fin de soirée, à l'emporte-pièce. Si Mitterrand, Rocard ou Giscard étaient hantés par les mots, Jacques Chirac, lui, bien qu'il n'en ait pas l'âge, serait plus proche de la génération SMS. S'il lui arrive d'abuser de la langue française, c'est toujours de manière utilitaire. Aussi, quand il emmène Claude déjeuner au pied levé, dans de bons vieux bistrots parisiens, connus pour leur cuisine bourgeoise et roborative, c'est le plus souvent pour se « lâcher ». Ensemble, ils refont le monde, revisitent la sphère politique, ratissent le microcosme, échafaudent des stratégies. Le tout dans un style proche du café du commerce. Les phrases sont courtes, ponctuées d'onomatopées et d'éclats de rire. Rien, ni personne, n'est épargné. Ensemble, ils s'adonnent à leur sport favori : le flingage de leurs contemporains. Une partie de ball-trap meurtrière où Claude mène la chasse. Reste que ce safari est devenu monotone au fil du temps, le gibier n'ayant guère varié, depuis 1995. Au bout de la lunette, une espèce coriace : Sarkozy, toujours et encore… Pour Claude, « Nicolas » reste une obsession : l'ex-futur gendre qui a mal tourné et qu'elle aurait pu aimer. Mais qui a trahi… Elle en parle et reparle comme si elle ne parvenait pas à faire le deuil de ses amours de jeune fille. Une musique lancinante qui revient comme une antienne cruelle et lui vrille l'esprit. Un producteur de télévision, dont elle est l'amie, sortit frappé d'un déjeuner, au printemps 2006, durant lequel la jeune femme, intarissable, exécuta « Nicolas », encore et toujours, tournant et retournant le couteau dans la plaie de 1995.

Puis arrive, à l'heure du café, le temps des souvenirs, le quart d'heure nostalgique. « Tu te souviens... » Depuis des années, Claude Chirac prend soin de partager avec son père quelques moments rares. Pendant ces instants volés à des emplois du temps surchargés, l'un comme l'autre prennent plaisir à se remémorer quelques scènes familiales. Les soirées d'anniversaire dans la propriété familiale de Bity, par exemple, qui voyaient Jacques Chirac, dissimulé derrière les tentures, déguisé en fantôme, fondre sur Claude, alors enfant, en hurlant à tue-tête. Les nombreux réveillons du Nouvel An, aussi, que son père agrémentait de surprises. Comme celui de 1993 à *La Gazelle d'Or*, l'un des plus palaces du Maroc où les Chirac sont longtemps descendus. Jacques Chirac avait voulu surprendre sa fille. Pour cela, il avait convié le chanteur Jean-Jacques Goldman, dont Claude était alors une fan. Effet garanti : émue et comblée, elle versa une larme de midinette.

Mais Claude peut se montrer tout aussi attentionnée à l'égard de son père. Ainsi en novembre 1983, à l'occasion de ses cinquante ans, Claude Chirac avait concocté une soirée, dont celui-ci se souvient encore aujourd'hui. Sachant que son père, alors maire de Paris, souhaitait se rapprocher du monde de la chanson, elle avait discrètement rameuté, à son insu, la veille de cet anniversaire, le ban et l'arrière-ban de la scène française : de Francis Lemarque à Michel Sardou, en passant par Charles Aznavour, Johnny Hallyday, Eddy Mitchel ou Alain Souchon. Des stars conviées à l'Hôtel de Ville, en compagnie d'une bonne centaine de convives – hiérarques du RPR, barons de l'industrie et amis d'enfance –, tous sur leur trente et un : robes longues pour les femmes, smoking pour les hommes.

Jacques Chirac, qui ne s'attendait pas à une telle surprise, regardait, ce soir-là, la télévision dans son salon, habillé d'un jeans, d'un sous-vêtement, de type « Marcel », aux pieds, une simple paire de babouches. Du Chirac version Guignols de l'Info. C'est dans cet accoutrement que Claude alla le tirer de son fauteuil, avant de l'emmener dans l'un des salons de la mairie où un parterre de personnalités du Tout-Paris de la politique et du show-biz lui réserva, hilare, une énorme ovation. Bouleversé, l'homme se jeta dans les bras de sa fille qu'il étreignit longuement.

6.

Les amours de Claude

Sur le plan de la vie privée, Claude Chirac est un « mec », au sens macho du terme : elle prend, elle jette. Son parcours sentimental est ainsi jonché de cœurs laissés en lambeaux. D'amants de passage pareils à des comètes, dans sa galaxie amoureuse. Sa vie sentimentale a longtemps été une longue suite de passions fugitives et d'étreintes sans lendemain. Qui s'y frotte, s'y pique... Combien de soupirants passés à la moulinette, après que cette sauvageonne les eut plaqués, à la dure, sans un geste, sans une explica-tion ? Une Chirac, là aussi. Polaire, clinique, expédi-tive, incapable d'extérioriser ses sentiments, disent les uns. Débordante de tendresse, d'amour, dégouli-nante d'affection et de compassion vraie, répliquent ses intimes, qui l'ont vue bouleversée par le destin d'un inconnu, dont l'état de santé ou la situation familiale l'ont émue aux larmes. S'effondrer après une rupture qui la laisse sans force. L'eau et le feu. Capable de tous les emportements, de tous les emballements, pour un homme dont le seul regard l'aura fait chavirer, Claude offre le visage d'une femme multiple. Comme tous les parents, le couple Chirac a dû ainsi endurer le défilé des petits copains. Accepter à leur table le dernier soupirant en date, pour lequel Claude vient de succomber. Christophe Lambert, au milieu des années 80, fut de ceux-là. Claude, qui est tombée amoureuse de l'acteur, alors en pleine ascension, multiplie les séjours à Los Angeles où le garçon s'est installé. Christophe par ci, Lambert par là... Le couple Chirac n'ignora rien de la filmographie, comme de la pensée profonde ou encore des hobbies, d'un jeune homme qu'on leur impose, à table, en week-end, dans les soirées, à tout bout de champ. Jusqu'à la salle à manger de Matignon, où les dîners, organisés par le ministre de la Culture, François Léotard, en présence d'acteurs et de personnalités du monde du show-biz, se succèdent à une cadence soutenue. Et quand l'on décide de s'éloigner de Matignon, en famille, pour trouver un peu de paix, de rejoindre l'un de ces restaurants où les Chirac ont leurs habitudes, c'est le plus souvent pour se voir imposer un couvert de plus : celui de « Christophe ».

C'est en multipliant les séjours à Los Angeles pour rejoindre Christophe ou Line, que Claude retrouve une de ses grandes amies.

Elles ont la vingtaine et des beautés jumelles. La première est déjà célèbre : une princesse de sang débarquée tout droit de la Principauté de Monaco, dont les aventures alimentent, déjà, les colonnes d'*Ici Paris*, de *France Dimanche* ou de *Paris Match*, faisant ainsi la joie et les fins de mois d'avocats réputés pour leur vélocité à dégainer des procédures en diffamation. Son père a toujours fait preuve d'indulgence pour sa cadette et encore plus, après l'accident de voiture de sa mère, qui lui a coûté la vie. Stéphanie, est une princesse dans le vent. Une princesse à la mode, une fille en granite, sur laquelle on a tout dit, tout entendu : que ses fêlures et ses doutes ne sont jamais aussi évasifs que lorsque sa vie privée va de soi, ce qui est plutôt rare. Qu'écrasée par l'ombre de son père, auquel elle voue une douce passion, elle a toujours veillé à garder ses distances avec l'étiquette du Palais que lui imposent son nom et son rang, mais qui l'enferme dans un univers carcéral. Que d'une coiffure l'autre, d'un job l'autre, d'un fiancé l'autre, elle a tout connu, tout brûlé, tout vécu, à vingt-deux ans et des poussières. Une vie comme un ouragan, tout en soubresauts et coups de cœur. Bref, une femme d'une seule pièce, toujours sur la corde raide et cela depuis plus de vingt ans. Cela ne vous rappelle rien ?

La seconde a un père aussi imposant que ce prince de Monaco. Un pacha lui aussi, dont elle est, gamine, totalement en adoration. Elle aussi a brûlé la vie par les deux bouts, essuyé les colères d'un père fatigué de ses liaisons tumultueuses, mais qui finit toujours par tout lui pardonner...

La première a eu, à cette époque, une aventure avec un jeune employé du Palais, qu'il faut bien licencier pour s'éviter un scandale de plus. Quant à la seconde, elle s'est entichée, on ne sait comment, d'un acteur français. Si les péripéties amoureuses de la petite princesse monégasque font le tour de la planète, les émois de la fille du patron du RPR et maire de Paris n'ont guère transpiré, au-delà du VIIIᵉ arrondissement parisien.

Stéphanie de Monaco et Claude Chirac sont ainsi, au milieu des années 80, les meilleures amies du monde.

Paniquées toutes deux, par le temps qui passe et les garçons qui se lassent, elles n'ont qu'une idée en tête : faire la fête jusqu'au bout de la nuit avec un appétit de vivre, carnassier. À la fin des années 80, elles se retrouvent à Los Angeles. Elles barbotent dans la même eau et fréquentent les boîtes de nuit branchées d'une ville où s'est installée une petite communauté française. Un mélange d'acteurs en herbe, de fils à papa menottés à la coke et à l'alcool, et de poupées Barbie au look de « bombasses ». C'est l'époque des bringues déjantées jusqu'à l'aube et des réveils un peu glauques, dans la maison de Christophe Lambert dont Stéphanie, puis Claude, sont tombées, tour à tour, amoureuses. Les lieux mythiques se trouvent dans le bas de la ville : « down-town », et s'appellent le Vertigo, le Stock Échange ou Héléna, une boîte de nuit, propriété de l'acteur Jack Nicholson. Aux côtés de Stéphanie et de Claude, qui ne se lâchent pas d'une semelle, on trouve une même bande, composée d'Anthony Delon, de Paul Belmondo, de Christophe Lambert et de quelques autres figures exotiques du moment dont un certain Georges Cibaud, un designer français installé aux États-Unis depuis quinze ans, déjà. Il y a aussi Mario Jutard, cet ancien mannequin, qui possède toujours un restaurant à Los Angeles. l'Oliver Café, l'autre centre d'attraction des nuits californiennes. Un personnage haut en couleur, qui a appris aux deux jeunes femmes à apprivoiser la nuit, sa faune et ses circuits. Le prince Rainier s'en inquiète : il fait diligenter une enquête de police discrète sur le personnage. Quant à Jacques Chirac, il suit sa fille de loin. C'est à cette époque que Claude effectue un stage dans l'équipe de Fred Ryan, le chef de cabinet de Ronald Reagan, dont les bureaux sont situés dans l'immeuble de la Fox. Elle fait aussi la connaissance de John Peck, le fils de Véronique et Grégory Peck. De retour à Paris, elle tient à présenter à ses parents le couple américain, qui se lie d'amitié avec les Chirac. Et puis elle prend une grande décision : se faire refaire le nez.

Ange ou démon ? Si son allure sujette aux coups de sang, son regard retranché derrière des meurtrières en font une personnalité redoutée, son extrême douceur, comme sa générosité, manifestée à l'égard des siens, peut en déconcerter plus d'un. Si la jeune femme s'est un peu arrondie au fil de ces dernières années, c'est grâce à Martin, ce fils tant aimé, qu'elle court rejoindre à la nuit tombée, sa journée achevée et qu'elle étouffe de baisers.

« Je suis grand-père depuis une heure ! » Ce 21 mars 1996, Jacques Chirac piaffe comme un enfant qui s'apprête à fêter Noël. On vient de lui apprendre l'heureux événement. Et l'homme, qui ne tient plus en place sous les lambris de l'Élysée, décide d'écourter une cérémonie de remise de médaille – celle de la Légion d'honneur décernée à sa fidèle secrétaire, Lydie Gerbaud, –, pour filer, toutes sirènes hurlantes, vers la maternité, où l'homme de sa vie l'attend. Martin, ce petit-fils, né de la liaison entre sa fille, Claude, et le judoka Thierry Rey.

Martin Chirac ! Dans la voiture qui l'emmène en trombe vers la clinique, Jacques Chirac répète inlassablement ce prénom. Mais surtout ce nom, qui claque dans sa tête comme un coup de fouet. Lien du sang, réflexe dynastique... Ce n'est pas seulement le fils de Claude qui vient de naître. Ce ne sont pas, non plus, les chuintements de n'importe quel enfant qu'il devine à son arrivée dans la chambre où l'ensemble du personnel hospitalier est aux petits soins. Mais les cris d'un nouveau-né appelé à entrer dans le clan. Bien plus qu'un simple héritier, le dernier maillon masculin d'une longue lignée. Et qui sait, demain, un bretteur d'aventures – comme lui ! –, le digne successeur de son glorieux grand-père...

Le soir même, de retour à l'Élysée, Jacques Chirac, qui reçoit à dîner les participants à un sommet de la Francophonie, affiche le visage d'un homme rayonnant. « Vous le verriez, c'est une merveille », plastronne-t-il de table en table. Interrogée quelque semaines plus tard, par la journaliste Catherine Nay, Bernadette Chirac confie, ainsi, que son époux vient de connaître « l'un des plus beaux jours de sa vie » : l'embellie tant espérée après des années de souffrances et de drames familiaux. Dans son bureau, la plus banale des réunions, le plus convenu des rendez-vous entraînent, invariablement, le président vers l'heureux avènement, qu'il ne peut s'empêcher d'évoquer devant ses visiteurs. La joie fut alors si intense chez Chirac qu'elle sembla, aux yeux de son entourage, presque effacer l'énorme moment d'émotion qui l'avait pourtant submergé au lendemain de son élection à la présidentielle. Depuis, les deux « hommes » ne se quittent plus. Chirac, un brin « gaga », peut passer de longs moments à écouter son petit-fils lui dresser, par le menu, la liste des dinosaures et autres brontosaures. Au début de l'été 2006, Bernadette et Jacques Chirac, aux petits soins, organisent une fête à l'Élysée pour la première communion de l'enfant. Une réunion de famille comme Claude, radieuse, n'osait l'imaginer. Objet de toutes les attentions, Martin, drapé de blanc dans une aube immaculée, trône ce jour-là au beau milieu d'une table dressée au centre de la pièce. Spectacle insolite : la cérémonie de couronnement d'un enfant roi virevoltant sous les dorures et les armoiries de l'Élysée…

Un autre homme ne cache pas son bonheur, c'est le père de l'enfant, Thierry Rey. Ce garçon, un sportif surdoué, enjoué et généreux, a conquis le cœur de Claude quelques années plus tôt. Tous deux se sont rencontrés au détour d'un meeting en province, quand le judoka, alors conseiller au ministère de la Jeunesse et des Sports, aux côtés de Guy Drut, ainsi qu'à la mairie de Paris, sillonnait la France, embrigadé parmi un cheptel de sportifs, ralliés à la cause de Jacques Chirac. Pour Claude, c'est le coup de foudre. Bon vivant et copain idéal, Thierry Rey – que les Français redécouvrent, à cette époque, sous un jour nouveau, après que l'ancien médaillé olympique a abandonné les tatamis pour collaborer à l'émission « C'est pas le 20 heures », sur *Canal+* – fait un charmant compagnon de route. Une liaison enflammée qui s'étiole au fil des mois, pour s'achever dans les larmes et les déchirements. En vérité, Thierry Rey n'a pas toujours bien vécu cette liaison. Non pas à cause de Claude, elle-même, mais du contexte familial. Comment trouver sa place au sein de cette caste recroquevillée sur elle-même, et qui ne lui réserva, longtemps, qu'un strapontin ? Les Chirac renvoient l'image d'un bloc étanche, d'une tribu qui se referme telle une anémone de mer, au premier signe d'intrusion. Certains souvenirs sont amers. La polémique qui suivit la naissance de Martin a long-temps laissé des traces. Au lendemain de la naissance de l'enfant, l'Agence France Presse relaya un communiqué, diffusé par l'Élysée, où il était mentionné que le prénommé Martin avait été déclaré à l'état civil sous le nom de Rey-Chirac. Cette annonce provoqua, à l'époque, la réaction d'un député RPR, Jean-Louis Masson, lequel déposa à l'Assemblée une question écrite visant les Chirac. Le parlementaire s'interrogeait sur la validité de la déclaration d'un enfant faite sous le nom de ses deux parents. En vérité et après vérifications, la question écrite ne se justifiait pas, car Martin, qui semble avoir été reconnu d'abord par sa mère, fut enregistré à l'état civil sous le seul patronyme de Chirac. *Combinazione ?* OPA sur une naissance ? Tout a été écrit. Il n'en demeure pas moins que Claude et Thierry, comme la loi les y autorise, souhaitèrent que Martin porte, comme nom d'usage, celui de Rey-Chirac. L'affaire aurait été entendue et n'aurait sans doute pas fait couler d'encre, s'il n'avait pas été affirmé par les Chirac eux-mêmes que l'enfant avait été déclaré à la mairie sous ce double nom. Ce qui, légalement, est impossible. Et ce qui, au niveau des faits, est faux. Depuis, l'épisode a été enterré et les parents de l'enfant, qui va sur ses onze ans, entretiennent des relations pacifiées. Thierry Rey s'est installé à quelques centaines de mètres du domicile de son ex-compagne. Et cette dernière, qui élève son fils avec passion, veille à ce que l'enfant voie le plus régulièrement son père.

Elle ne lâchera pas prise. N'écoutera pas les mises en garde de ses copines, les admonestations de pure forme de son père. Elle ne pliera pas. Ne rangera pas son rêve de jeune fille dans l'armoire des renoncements... En ce mois de juillet 1992, Claude est décidée à faire d'un jeune et brillant politologue à la mode, qu'elle a rencontré à la brasserie Lipp, boulevard Saint-Germain, en compagnie de Nicolas Sarkozy, l'homme de sa vie. La voilà amoureuse ! « De nouveau », soupire Bernadette. Mais cette fois-ci, « pour de bon », lui réplique t-elle, ne tarissant pas d'éloges sur celui que Jacques Chirac observe du coin de l'œil, tel un entomologiste penché sur une drôle d'espèce, depuis que sa fille s'en est entichée. Solidement arrimée à un bonheur qu'elle n'espérait plus, Claude se dit convaincue d'avoir déniché l'oiseau rare. Philippe Habert : un golden boy au physique d'étudiant américain, un anticonformiste et chiraquien convaincu, dont l'allant n'a d'égal que la très forte personnalité. Né en août 1958, ce maître de conférences à Sciences-Po, conseiller scientifique à la

Sofres, à la tête du département de politologie du *Figaro*, qu'il a fondé à l'âge de vingt-neuf ans, est un fonceur. Un garçon au sourire de VRP, dont l'entregent et la vivacité d'esprit séduisent les milieux médiatiques et politiques.

Même Bernadette finit par s'y résoudre. Certes, elle aurait rêvé pour sa fille d'un homme doté d'un pedigree plus alléchant. D'un rejeton issu de la haute bourgeoisie, par exemple, qu'elle aurait adoubé, puis façonné à sa guise. Mais, mise au pied du mur, elle est contrainte d'accepter cette liaison qui l'agace. Car non seulement ce petit trapu d'Habert a une réputation de « fêlé », comme disent, alors, les plus jeunes, mais il a aussi un aplomb effarant : l'homme ose contredire son époux, multiplie les maladresses, bouscule l'étiquette et déploie un activisme débordant, pour mieux s'imposer. Bref, Habert est à l'opposé de ce que Bernadette Chirac attend d'un futur gendre. On lui a rapporté que, la toute première fois où il a rencontré « Jacques », c'était pour lui lancer à la figure : « 1988 fut un fiasco, vous avez été nul. » Un bon départ. Et quelle idée ont-ils eue de vouloir à tout prix jouer aux couples modernes, en conservant, l'un l'autre, leur indépendance, alors que l'on s'apprête à publier les bans ? Déjà, à l'été 1990, quand Claude leur avait imposé sa présence au *Royal Palm*, à l'île Maurice, Bernadette Chirac avait trouvé le jeune homme, connu pour son tempérament de bulldozer, insaisissable : à la fois ombrageux, débridé et tellurique. Que leur réservait-il ?

Le 3 octobre 1992, en Corrèze, dans la chapelle de Sarran, en présence de quelque cent vingt invités, arborant un œillet blanc en signe de reconnaissance, Claude Chirac, qui a pour témoins le publicitaire Jean-Michel Goudard et Nicolas Sarkozy, épouse Philippe Habert, qu'encadrent ses deux témoins, le directeur général du *Figaro*, Philippe Villain, et le directeur de Sciences-Po, Alain Lancelot. À Bity, dans la gentilhommière de la famille, Patrick Sébastien et Michel Leeb côtoient Grégory Peck et Line Renaud. Appareil photo en main, Jacques Chirac mitraille sa fille sur toutes les coutures, avant de s'éclipser quelques instants dans une pièce contiguë, pour téléphoner à Paris où le tourbillon des élections législatives a mis le feu à la classe politique.

Curieux mariage et drôle de couple : de retour à Paris, les jeunes mariés regagnent chacun leur domicile, tandis que les dizaines de cadeaux offerts par les invités, rassemblés par l'un des sherpas de Chirac, Michel Roussin, s'entassent dans un salon de l'Hôtel de Ville. Ils y resteront entreposés des mois durant, avant que les époux s'en soucient et se les partagent... au moment de leur séparation, prélude au divorce.

Trop de choses opposent ces deux êtres. Ils se ressemblent comme chien et chat. L'un est le négatif, de plus en plus sépia, de l'autre. Claude, la discrète, se lasse des numéros de voltige, et des fanfaronnades d'un garçon qui n'aime pas voir bleuir les nuits et blanchir l'aube, qui est capable de passer des heures à pérorer brillamment les pieds sur la table. À refaçonner le paysage politique français, en apprivoisant ses interlocuteurs, vidant les verres comme les paquets de cigarettes. À pondre des argumentaires destinés à son idole, le père de sa femme, dont il est le conseiller politique et qu'il assomme de propos d'allumé. Marre de ce dandy à l'élégance débraillée. De cet intello compulsif et enflammé. Un animal dont l'aspect déjanté décourage celle qui ne partage en fait avec lui, fondamentalement, qu'une seule chose : une fascination biblique pour Chirac. Mentor pour Philippe, guide pour Claude. Ça n'est pas suffisant. La cassure est d'autant plus prévisible que les anicroches se multiplient. Lors de l'installation d'Édouard Balladur à Matignon, Claude Chirac entend son jeune époux étriller le nouveau Premier ministre sur France 3. Après qu'il eut expliqué doctement que la nomination de « Ballamou » signifiait « le retour de la République bourgeoise ». Une charge qui lui vaut d'être publiquement traité d'« immature » par une Claude Chirac en furie. Elle lui répond, du tac au tac, dans le magazine *Globe-Hebdo*, où elle apporte, alors, son soutien à Balladur.

Bisque-bisque rage. Il l'avait apprivoisée, elle le provoque. Il dérape, elle le plaque au mur. Habert l'épuise. Son côté « flambe », qui l'éblouissait les premiers jours, l'insupporte, maintenant. Étrange attelage, s'interrogent ceux qui les côtoient, convaincus que rien de bon ne peut ressortir de cette partie de stock-car conjugale, sauf un amour cabossé. Personne n'aurait osé imaginer, pourtant, que cette histoire se solderait, un matin, par un drame. Un dernier chapitre, aussi noir qu'un linceul. Une fin de virée dramatique, dont il ne faut pas aller chercher la cause dans ce carambolage amoureux, mais dans les replis intimes d'un homme au mental en porcelaine. Le

5 avril 1993, Philippe Habert est retrouvé mort à son domicile de la rue Barbette, à Paris.

Une fois arrivé sur les lieux, le patron de la police judiciaire, Jacques Cances, trouve au pied du cadavre une série d'ordonnances médicales ainsi que quelques boîtes de médicaments largement entamées. L'homme qui s'est acheté le jour même un lot important d'anxiolytiques est emmené rapidement à la morgue, après que les enquêteurs eurent passé l'appartement au peigne fin.

C'est Jacques Cances qui alerte les Chirac. « Que me voulez-vous encore ? lui répond excédée Bernadette Chirac en décrochant. Ne me dites pas qu'il traîne déjà à Paris des photos de nous sur la plage ou à l'hôtel ? » Le policier a vite fait d'informer le couple Chirac qui est terrassé par la nouvelle. C'est Jacques Chirac qui prend ensuite les choses en main. Pendant de longues minutes, le maire de Paris tente de convaincre le patron de la PJ de lui donner les photos de la dépouille de son gendre, par crainte de les voir surgir dans les journaux. Par peur que sa fille ne les découvre brutalement. Ce que refuse de faire le fonctionnaire de police qui lui jure par contre que celles-ci ne sortiront jamais de son coffre. Ce qui fut le cas.

Accourue sur les lieux, Bernadette Chirac retrouve Jacqueline Habert, une secrétaire administrative qui a élevé seule son fils. Assassinat ? Suicide ? Overdose ? Aucune de ces hypothèses ne fut retenue par les enquêteurs. Dans les heures qui suivirent le drame, les rumeurs les plus nauséabondes circulèrent. Les annonces bidon fleurirent : l'AFP évoqua même un suicide par balle, aussitôt démenti. Il faut attendre les résultats de l'autopsie de l'Institut médico-légal, indiquant qu'il n'avait été constaté ni lésion particulière, ni problème cardiaque, pour que la mort de Philippe Habert soit imputée à un empoisonnement du sang, consécutive à une trop grande absorption d'excitants et de narcotiques. A-t-il voulu en finir, à l'aube d'un divorce annoncé qu'il ne voulait pas affronter, alors que quelques semaines auparavant l'homme parlait vacances et enfants ? Est-il mort d'avoir trop vécu ? D'épuisement ? D'un trop-plein de névroses, de nuits blanches, ou d'expédients ? Inutile de gloser sur la disparition d'un garçon qui laisse derrière lui une épouse murée dans le silence. Le 8 avril 1993, lorsque Édouard Balladur pénètre dans l'hémicycle pour y prononcer son discours d'investiture, manque à l'appel un député : Jacques Chirac. Une absence largement commentée. Au même moment, le maire de Paris tient par l'épaule une jeune femme qui enterre son mari, visage de vestale et silhouette droite comme un « i ». Dans le regard de Claude, l'expression d'un désespoir solidement contenu : poings serrés, elle retient un torrent de larmes. Treize ans après ce drame, on continue de s'interroger sur les ressorts secrets qui ont permis à une veuve en lambeaux d'apprivoiser ainsi le malheur.

Poursuivie par la « scoumoune », lâchée de toutes parts, à commencer par Nicolas, l'ami fidèle et le témoin de son mariage, Claude a pu redresser la tête. Trouver l'énergie pour se remettre d'aplomb. Et aller ranimer un autre animal au mental d'éclopé,

Jacques Chirac. Un homme lui-même « en vrac », mis au rancart par les siens et trahi par un « ami de trente ans ».

C'est cet attelage brinquebalant qui s'apprête à partir à la conquête du pouvoir. À l'assaut de l'Élysée.

7.

Après la défaite de 1988,
Claude prend les armes

C'est une règle chez les Chirac, les traumatismes, même les plus douloureux, sont faits pour être balayés d'un revers de la main. Élevée à cette école, Claude, qui a été servie en matière d'épreuves, possède, du coup, un caractère hors norme. Marquée au fer rouge, elle n'a jamais oublié les deux années terribles de la cohabitation, entre 1986 et 1988, qui voyaient son père plier sous les coups encaissés par l'Élysée, où François Mitterrand s'employait à le tisonner quotidiennement. Époque maudite où le malheur dispose d'une main insolente : Claude Chirac perd son amie d'enfance, sa confidente de toujours, dans un accident de voiture, à des milliers de kilomètres de là, en Australie Assiste avec angoisse à la lente détérioration de l'état de santé d'une sœur, laminée par la maladie. *Last but not least,* sort usée de la débâcle de l'élection présidentielle de 1988 qui voit, une nouvelle fois, le train fantôme de l'Élysée laisser sur le quai une famille en miettes : vitrifiée dans la défaite, abandonnée dans un champ de ruine, comme frappée par la foudre.

Au soir du second tour de ce scrutin, le retour à l'Hôtel de Ville a des allures de cortège funèbre. Tant d'années d'une existence surmenée, à se dépenser sans compter, pour atteindre un but qui se dérobe à nouveau. Si Jacques Chirac, dans la voiture qui le ramène vers ses bureaux, semble ne pas vouloir s'appesantir sur la défaite, intérieurement il est dévasté. Derrière le masque marmoréen, Claude croit entendre un long soupir. Il est vrai que le spectacle de désolation auquel ils viennent d'assister, quelques instants plus tôt, dans un grand hôtel parisien, où l'état-major de campagne de Chirac avait installé son QG, les ont sonnés. Les résultats à peine tombés, la salle s'est vidée en un clin d'œil, laissant Bernadette, Claude et Jacques Chirac, qu'entourent un dernier carré de fidèles composé de Michel Roussin, de Charles Pasqua et de Bernard Blade, le chargé de communication de Chirac, à l'époque, seuls face à une montagne de petits-fours et à des dizaines de bouteilles de champagne inentamées. Chirac errait entre les tables vides. Que d'efforts tombés en poussière : il avait sillonné la France, labouré les campagnes, tenu pas moins de trente meetings, quand François Mitterrand, butinant, n'en avait animé que cinq... Bernadette Chirac, crépusculaire, s'était laissée tomber sur une chaise. Chacun avait pu l'entendre lâcher dans un murmure cette sentence, maintes fois reprises depuis par la presse : « Décidément les Français ne nous aiment pas. » Quant à

Chirac, il se borne alors à un simple commentaire, lâché à l'oreille de Charles Pasqua : « Que certains autour de moi aient reçu un choc, c'est possible et même certain. Mais pas moi. Je m'étais préparé à l'éventualité de l'échec. » Il n'en dira pas plus. De retour à l'Hôtel de Ville, le spectacle qui l'attend est pire encore. Plongé dans la pénombre, l'édifice ressemble à un bateau vide. Chirac n'est plus qu'un roi sans troupes, un suzerain sans duché. Claquemuré dans la défaite, le clan se replie en son donjon. On dresse les herses et replie le pont-levis. Pour la classe politique, la messe est dite : la mairie de Paris sera le tombeau politique de Chirac, l'ossuaire d'un chef de guerre regardé, au soir même de la débâcle. par les barons du RPR, comme un vestige.

Dans ce climat de fin de règne, Claude Chirac n'est pas la plus fragile. Impavide, elle dégage une impression de solidité. Les jours qui suivent, elle remet à leurs places certains de ceux qui viennent, à l'Hôtel de Ville, s'enquérir du moral de la famille. Le spectacle est toujours le même : vous croyez l'atteindre, vous ne touchez même pas sa carapace. Pour toute réponse, ses lèvres s'affaissent. Et Claude Chirac plante dans les yeux de son interlocuteur cette expression indescriptible, amusée et défiante, ce regard de tortue marine qui paraît dire : « Allez, circulez ! »

Quelques semaines après la déroute de 1988, l'échec à peine digéré, Jacques Chirac propose à sa fille de le rejoindre. « Viens travailler avec moi : on repart pour les sept prochaines années. » Claude, que cette proposition laisse perplexe, reste estomaquée par la capacité de rebond de son père. Combien de fois l'a-t-elle vu, le genoux à terre le matin, puis debout, piaffant de nouveau et pressé d'en découdre le soir même. Combien de fois lui a-t-il raconté cette confidence que lui fit un jour François Mitterrand : « Après chacune de mes défaites, mes amis m'ont regardé comme un pestiféré. Mais vous voyez, je suis toujours là. » « Eh bien, moi aussi, Claude, je suis toujours là. Et nous allons repartir au combat. Toi et moi. » En route pour un nouveau rodéo ? Il en faudra de l'estomac, rumine-t-elle, à cet instant, pour remonter la pente. Pour contenir les assauts d'un quarteron de vieux gaullistes qui la regardent comme un ange noir et qui ont juré de lui mettre la tête sous l'eau. Pour éloigner les courtisans qui remâchant à l'envi, dans son dos, les échecs de son père, se réfugient, en sa présence, derrière des sourires de façade : une jolie bande de « faux-culs ». Il en faudra du souffle pour aller « arracher chaque voix avec les dents », comme le répète prosaïquement Chirac, depuis des lustres. Pour aller, enfin, raisonner sa mère, qui veut, à tout prix, l'éloigner de Paris, la mettre à l'abri. Et couper, par la même occasion, ce lien ombilical qui la relie à « Chirac ».

Pour Jacques Chirac, la présence de Claude est un soulagement : avec elle, cette retraite forcée sera forcément moins douloureuse. Tout comme Bernadette, il considère que sa fille est un facteur d'équilibre, le ciment d'une famille qui va devoir se reconstruire. Avec Claude, c'est bien plus que sa vie politique que le candidat déchu entend rebâtir et rattraper. Et ce n'est donc pas totalement un hasard si, quelque temps après la tentative de suicide de Laurence, Jacques Chirac annonce un matin à son jeune chef de cabinet à la mairie de Paris, Jean-Eudes Rabut, que Claude va s'installer dans un bureau non loin de lui. Il lui annonce aussi que, désormais, elle s'occupera, à ses côtés, de ses déplacements, un grand classique du chiraquisme corrézien. Une tuile pour ce serviteur fidèle qui se doit d'aller annoncer la mauvaise nouvelle à son compagnon d'infortune, Michel Roussin. La mine défaite, ce dernier n'a qu'un mot pour commenter la décision : « Fils, on est foutu ! »

Plutôt bien vu. Quelques petites années plus tard, le premier, laminé par sa « collègue » de bureau, jette l'éponge et quitte l'Hôtel de Ville, pour aller faire carrière dans le privé. Quant au second, lâché par les Chirac, après avoir joué les factotums de Claude, dont il aura été à la fois le larbin et le souffre-douleur, il se sacrifie sur l'autel des affaires de la Ville de Paris. Sans jamais trahir celui qu'il aura servi tel un moine soldat. Il y a deux ans, Michel Roussin a adressé à Jacques Chirac un exemplaire de son livre de mémoires *Le Gendarme de Chirac* avec, en page de garde, une dédicace dont il a voulu peser chaque mot et au bas de laquelle son destinataire a pu lire cette conclusion lourde de ressentiments : « Pour oublier onze ans d'affaires... » Contrairement à quelques personnalités du monde politique, à qui il avait adressé son livre – de Michel Charasse à Hubert Védrine en passant par Maurice Ulrich –, Jacques Chirac ne lui a jamais répondu.

Claude au cœur de son dispositif : ce n'est pas du népotisme chez Chirac, mais le réflexe d'un homme qui a décidé de mettre en piste celle qu'il estime la plus digne de confiance. S'il est conscient de ses défauts – castratrice et brutale avec nombre de ses collaborateurs, possessive jusqu'à l'excès, avec lui – il a décidé de s'en accommoder. Quant à ceux qui franchissent le seuil de son bureau dans le but d'infléchir sa décision, comme le fit un jour l'un de ses conseillers, Pierre Charon, qui le paiera plus tard au prix fort, il fait invariablement cette réponse : « La présence de Claude à mes côtés est non négociable. »

En effet, lorsque Claude s'engage plus avant dans l'équipe Chirac, on lui réserve un accueil plutôt glacial. Comment contrecarrer les plans d'une jeune femme, devenue Minerve, qui bouscule l'ordonnancement d'une administration, dérègle les habitudes, piétine les usages, se moque des hiérarques comme des hiérarchies ? Et que les galonnés du RPR, à l'instar d'un Édouard Balladur, observent avec morgue. Comment blackbouler cette « emmerdeuse » ? s'emportent ceux qui pensaient avoir une influence sur Jacques Chirac mais que Claude s'emploie à laminer au fil des jours. Pour cela elle court-circuite son secrétariat particulier et met la main sur son agenda. Elle est décidée à faire, à l'Hôtel de Ville, la pluie et le beau temps. Car si Claude Chirac joue en public à la collaboratrice discrète et effacée, dans l'intimité du bureau de son père, elle marque son territoire au fer rouge. Elle révèle un tempérament ignoré : celui d'un sicaire.

Claude sait tuer. La règle est simple : qui ne plie pas ou ne respecte pas la doctrine sera brisé.

Résultat : c'est un concert de lamentations qui accompagne les premiers pas de celle que l'on a flanquée de deux précepteurs. Le premier pour la communication, Jean-Michel Goudard, un publicitaire de renom (le G de l'agence reine de l'époque, RSCG). Le second pour la politique, un jeune hussard de la chiraquie, Nicolas Sarkozy. Cornaquée par ces deux hommes, elle va faire ses classes. « Cassante », « expéditive », « interventionniste »... Les critiques pleuvent. Mais la fille a deux armes : l'agenda de son père qu'elle consulte chaque jour, remanie, valide, amende et détricote à sa guise et la liste des collaborateurs qui font le pied de grue dans l'antichambre et dont elle biffe les noms, au gré de ses humeurs, écartant les courtisans que Jacques Chirac, peu lucide à ses yeux, peine à éloigner. Son culot ravit Chirac, son franc-parler le rassure.

Les prémices du règne de Claude sont d'autant plus étonnants que Jacques Chirac dispose autour de lui, à cette époque, d'un concentré d'intelligences, dont aucun homme politique n'a pu bénéficier sous la Ve République. Une phalange au pedigree impressionnant, où l'on trouve, pêle-mêle, trois futurs Premiers ministres, Édouard Balladur, Alain Juppé et Dominique de Villepin, une kyrielle de conseillers de haut vol : de Maurice Ulrich à Jean-François Copé, en passant par Noël Forgeard, Jean-Pierre Denis, Pierre Lellouche, Christine Albanel ou, encore, Daniel Cornu-Gentile. Le gratin du moment. Mais rien n'impressionne Claude, alors âgée d'une vingtaine d'années. Elle manifeste un aplomb tel qu'elle s'autorise tout. Si son père est devenu l'épicentre de sa vie, Chirac à l'inverse n'hésite plus à s'en remettre à celle qui bouscule ses hiérarques. Pénètre à tout bout de champ au cœur de réunions d'état-major, laissant l'assistance pantois après qu'elle a informé son père, que Johnny Hallyday l'a appelée. Ou que Mickael Jackson, de passage à Paris, souhaiterait le rencontrer, car il a l'intention de racheter le château de Rambouillet !

Claude fait aussi ses gammes en contrôlant peu à peu les voyages en province de son père. Des chemins de Corrèze aux marchés alsaciens, elle le suit partout. Ce rôle lui permet de quadriller l'Hexagone à ses côtés et d'instaurer avec « Chirac » une relation professionnelle aux règles simples : elle propose, il acquiesce, elle exécute. Lors de ces escapades, la conseillère en profite aussi pour allumer quelques mèches, sonner le tocsin, mettre en garde son père contre tel ou tel sherpa qu'elle assaisonne : « Fais gaffe », « Méfie-toi », « Prends garde »... Jacques Chirac qui connaît la rengaine n'en est pas moins attentif. Car qui mieux que sa fille, dont il sait l'indéfectible attachement à sa personne, peut veiller au grain sans que l'on puisse la soupçonner une seconde d'un début d'arrière-pensée ?

Éliminer Claude, la gageure... Les collaborateurs de Jacques Chirac ont vite compris qu'il leur faut composer avec elle et qu'essayer de l'écarter équivaut alors à se tirer une balle dans le pied. Ils ont entendu Chirac leur dire : « Elle vous sera fidèle, elle ne demande qu'à travailler. » Elle a effectivement commencé par prendre les ordres... avant de les donner. Certains barons du RPR, abrités derrière leurs faits d'armes et ne supportant plus les airs de la jeune femme, ont cru qu'ils pourraient la faire fusiller. Chirac a dû se faire encore plus clair : « N'essayez pas de l'évincer, c'est inutile. Je vous l'ai déjà dit, sa présence ne se discute plus. » La liste est longue des collaborateurs de Chirac passés à la chaux, jetés dans les douves, après que Claude les a exécutés. On y trouve entre autres Pierre Charon. Quand cet ancien collaborateur de Jacques Chaban-Delmas débarque, plein d'allant, à l'Hôtel de Ville, en août 1989, c'est avec la mission de réconcilier Chirac avec les journalistes politiques, que le maire de Paris ne fréquente plus : lassé des attaques, il a fait le vide, et ne correspond plus qu'avec de très rares plumes, tels Paul Guilbert, du *Figaro*, Franz-Olivier Giesbert, du *Nouvel Observateur*, ou Catherine Nay d'*Europe 1*...

« Bonjour, Pierre, bienvenue dans l'équipe... » L'accueil est tout juste courtois, quand Pierre Charon franchit, pour la première fois, le seuil du bureau de Claude Chirac. Très vite, ce dernier rencontre de tels obstacles sur son chemin qu'il comprend que sa mission ne sera pas sans risques. La jeune femme n'accepte pas la présence de ce conseiller décidé à rompre l'isolement médiatique de Chirac, à déverrouiller un système contrôlé par Claude. Les mois qui suivent, Charon s'épuise à monter des opérations de communication immédiatement démolies par celle qui s'emploie à défaire le soir, autour de la table familiale, ce que le tandem Charon-Roussin a planifié non sans mal le matin. Une maille à l'endroit, une maille à l'envers. Combien de déjeuners organisés à l'initiative du premier, au restaurant *Le Pichet*, autour d'une tête de veau et de bonnes bouteilles et en présence de quelques journalistes triés sur le volet, furent annulés au dernier moment par Claude qui juge que ces agapes ne servent à rien. Qu'en dernier ressort la presse démolira le lendemain celui dont elle a été l'hôte, la veille. Charon, en bon petit soldat, n'en déploie pas moins ses efforts, colmatant les brèches, « bordant » les médias, dès que l'urgence l'impose. L'homme sillonne, ainsi, quatre années durant, les rédactions, afin de déminer le terrain : de l'affaire de l'avion d'Oman – qui vit la famille Chirac se faire étriller par la presse, après qu'elle eut emprunté un avion du Glam pour ses vacances –, aux dérapages du maire de Paris, qu'il faut aller sortir du fossé après une embardée. Après qu'il se fut vautré, devant une forêt de micros, s'appesantissant longuement sur le « bruit et les odeurs » que « dégagent » les immigrés dans les cages d'escalier des cités HLM ! Charon au four, Charon au moulin... C'est ce même homme qui se vante un jour d'avoir, à la demande de Jacques Chirac, « enfumé » la presse, au lendemain de la mort de Philippe Habert, dont la disparition alimenta les gazettes, comme on l'a vu. Un travail de désinformation qui vaut au pompier de service, Charon, les remerciements appuyés de Jacques Chirac.

De la belle ouvrage. Mais las de se voir malmener par Claude, qui le méprise, l'homme n'a de cesse, en coulisse, de mener contre celle qu'il tente de déboulonner une bataille sourde. Peine perdue. Jacques Chirac qui n'accepte pas que l'on remette en cause sa fille, même du bout des lèvres, prend la mouche et convoque, un à un, les récalcitrants. Charon est dans le collimateur. D'autant plus que les propos qu'il tient dans Paris sur les Chirac, qu'il compare à la « famille Adams », lui reviennent aux oreilles. Des écarts de langage que leur auteur finit par payer au prix fort. Lors d'un déplacement en province, à l'automne 1986, Jacques Chirac, qui vient d'entrer à Matignon, fait stopper le cortège au sortir d'un petit bourg de campagne. Et il invite son collaborateur à le rejoindre dans sa voiture. À peine est-il assis que la conversation tourne au vinaigre. D'humeur volcanique, Chirac dégoupille : « Que tu dises dans tout Paris que ma fille est une nymphomane est déjà proprement scandaleux. Mais que tu ajoutes qu'elle a le nez dans la coke, du matin jusqu'au soir, est ignoble. Je ne le tolère pas. » Sur ces entrefaites, Chirac congédia son collaborateur, après qu'il l'eut fait descendre de voiture, en rase campagne. Limogé dès le lendemain, Charon fit ses paquets et franchit le Rubicon, pour rejoindre Édouard Balladur, Nicolas Sarkozy et leurs équipes.

En l'espace d'une décennie, Claude Chirac a ainsi réussi à écarter, pêle-mêle, celles et ceux qu'elle juge tantôt déloyaux à l'égard de son père, tantôt gênants ou peu francs du collier, à son égard. C'est le cas aussi de Pierre Lellouche. Ce serviteur zélé de Jacques Chirac, qui usa des années durant ses fonds de culotte sur les bancs de l'Hôtel de Ville, se dépensant sans compter pour celui qu'il sert alors avec abnégation, faillit y perdre son latin. Impatient ? Trop brillant ? Trop voyant ? Le député UMP de Paris, qui a alors rang d'expert auprès de Chirac, sur toutes les questions de stratégie militaire et de géopolitique, sort en guenilles de cette collaboration. Claude Chirac l'a épuisé. Elle biffe son nom de la liste des ministrables, quand Jacques Chirac compose son gouvernement, en 1986. Contrecarre ses initiatives à la moindre occasion, dès lors qu'il pénètre dans le bureau du Premier ministre et maire de Paris. Combien de fois, à sa grande stupeur, il entend Claude intervenir benoîtement, lors de réunions d'état-major à l'Hôtel de Ville, sur des questions de haute voltige ? Elle, si discrète jusqu'alors, s'aventure en béotienne sur des terrains où on ne l'attendait pas. Reprenant Lellouche, dont le regard consterné en dit long, sur les relations franco-américaines, la stratégie nucléaire ou encore l'avenir des missiles de longue portée... Quand tombe le mur de Berlin, le 9 novembre 1988, le conseiller s'enferme dans son bureau et se met à rédiger fébrilement, des jours durant, un tombereau de notes et de discours charpentés, tous à l'intention de Jacques Chirac. Ces contributions échouent, pour certaines, directement au broyeur, après que Claude les a interceptées et jugées inutiles... Pas la peine, près de vingt ans après, de reparler de cette période noire à l'ancien scribe et conseiller de Chirac. À la seule évocation du prénom de Claude, l'ancien sherpa se mure dans un silence polaire. Flotte chez celui qui a, du coup, rompu avec Chirac et changé de monture (pour basculer, lui aussi, dans le camp de Nicolas Sarkozy), comme un parfum de violence.

« Calamity Claude » a ainsi la gâchette facile. Figure à son tableau de chasse une série de nobliaux de la chiraquie sacrifiés. Une liste de conseillers imposante, que viennent compléter quelques petites mains, flinguées, elles aussi, après avoir longuement servi Chirac. Trop longuement, sans doute. C'est parce qu'il a vécu près de quinze années dans le sillage de l'ancien maire de Paris, dont il connaissait des pans entiers de l'intimité, que Jean-Claude Laumont perdit son volant, un jour de septembre 1998. Le chauffeur fut débarqué sans frais, après que Claude et Bernadette Chirac aient estimé que ce factotum devenait un parasite. Il est vrai que le loustic est dépositaire de quelques menus secrets. Des histoires d'alcôve, certes nombreuses mais anodines comparées à quelques autres chapitres, Laumont ayant rendu, dans les années 80, moult petits services à l'appareil chiraquien. En contribuant, notamment, à l'alimentation des caisses du RPR. Convoyeur de fonds zélé, il ne compte plus les missions allers-retours qu'il a effectuées, franchissant sans encombre la frontière au volant de son véhicule, grâce à la présence, sur le pare-brise, d'une cocarde tricolore fournie par des fonctionnaires amis du ministère de l'Intérieur. À l'évidence, Laumont constitue un risque. D'autant que d'un tempérament ramenard et vindicatif, l'homme menace d'en découdre. Certains soirs de déprime, on l'a entendu s'épancher auprès de quelques journalistes rencontrés au détour de bistrots, à qui il raconte volontiers les escapades nocturnes de Chirac, les virées de Claude, les caprices de Bernadette et les enveloppes... Un fort en gueule ce Laumont, affabulateur à ses heures et donc encombrant. La famille Chirac décide de l'exiler loin de Paris : à Nouméa, en Nouvelle-Calédonie. Le cabinet du président de la République lui trouve un petit job dans une société de sécurité. Dix mois de confinement sur un atoll qui conduisent, un matin, le même Laumont dans le bureau de Jean Tibéri, devenu maire de Paris. À bout de nerfs, n'en pouvant plus de ce placard ensoleillé, l'ancien sous-fifre n'y va pas par quatre chemins. Il menace son interlocuteur de livrer en pâture, à la presse, quelques-uns des dossiers qu'il a pieusement conservés. Et il exige, en échange de son silence, d'être non seulement rapatrié, illico, à Paris, mais d'être correctement indemnisé. Ce qui fut fait, rubis sur l'ongle. Pour les Chirac, qui naviguent en permanence entre deux précipices — l'éternel complot des rivaux, d'un côté, et le spectre des affaires, éternellement agité, de l'autre — le cas Laumont doit être réglé en douceur. Mais Jacques et Bernadette Chirac, qui n'ont pas apprécié le ton et les méthodes de cet ancien serviteur, lui dénichent une place de choix : au cimetière du Père Lachaise où Laumont, la « balance », est nommé au service des concessions ! Fin de partie ? Mortifié, l'ancien chauffeur, membre de la franc-maçonnerie depuis 1976 — un parrainage qu'il met en avant à la moindre occasion —, n'a jamais digéré cette nouvelle humiliation. C'est non sans une certaine délectation que le banni s'est rappelé, en 2001, aux bons souvenirs des Chirac, en publiant un livre de mémoires : *25 ans avec lui.* Un ouvrage où Laumont ne fait qu'entrebâiller la porte de son armoire à souvenirs. L'homme l'a redit à l'entourage de Chirac : si d'aventure ses anciens employeurs venaient à l'accabler de nouveau, il se pourrait alors que cette fois-ci il retrouve la mémoire…

Denise Esnous a été plus discrète. Une grenouille de bénitier de la chiraquie, fidèle d'entre les fidèles, qui tire sa révérence, sans la plus petite plainte, après que Claude et Bernadette Chirac, eurent obtenu, là aussi, son départ. Secrétaire particulière de Jacques Chirac pendant plus de vingt ans, après avoir été celle de Georges Pompidou, cette grande dame, au caractère bien trempé, est l'une des rares à s'être risquée à contrecarrer Claude Chirac. « Vous ne devriez pas parler de cette manière à votre père. » Celle-ci dut encaisser les remontrances d'une femme de tempérament qui la morigéna à plus d'une occasion. Important rouage de la machine Chirac, Denise Esnous détint bien plus qu'une parcelle de pouvoir aux côtés d'un homme, sur l'agenda duquel elle eut la haute main : le cœur nucléaire du Chirac privé et sa balise Argos aussi. Un recueil de rendez-vous sans lequel il est impossible de le tracer. Esnous remerciée, Claude met la main sur l'incunable. Et avec lui, sur l'une des clés du système Chirac.

Si pour les troupes de la mairie de Paris l'enracinement de Claude n'est pas une bonne nouvelle, elle fait en revanche la joie des gazettes. Traquant son look, guettant ses premiers pas, la presse découvre une jeune femme métamorphosée. Oubliée l'adolescente baba cool, aperçue furtivement cinq années plus tôt, dans les dédales de l'Hôtel de Ville. Claude Chirac a gagné en maturité. Son joli minois s'est transformé en un visage lumineux qui fait la joie des photographes. Élégante, rayonnante, maquillée par Thibaud Vabres – à l'époque le maquilleur d'Isabelle Adjani et d'une foule de stars du show-business – et habillée par quelques grands couturiers parisiens qui lui prêtent des robes élégantes, on la croise dans le Tout-Paris. Sur les marches de la Comédie-Française, sous les lambris de l'Opéra-Garnier, la jeune femme rayonne. Mais les journalistes hésitent encore à la ranger : rubrique people ou politique ? Starlette ou apparatchik ? *Paris Match* et *Ici Paris* n'ont pas ces scrupules : ils s'emparent du personnage et en dressent le portrait à grand renfort de superlatifs. Comme s'il s'agissait d'une star de cinéma : « L'éclat de lumière des Chirac », « La muse de Matignon », « L'éclatante hussarde de Chirac », « Et Claude apparut... ». Un florilège en quadrichromie et sur papier glacé accompagne ses premiers pas publics. À l'époque, Claude fait ainsi la joie des échotiers parisiens. De passage à l'*Eden Roc*, ce palace cannois où la famille Chirac prend parfois quelques jours de repos, l'été venu, elle accepte même de poser pour une séance photo glamour dont le magazine *Elle* publie quelques clichés.

Les journalistes s'intéressent aussi aux amours de Claude. À l'époque, elle apparaît souvent au bras de Vincent Lindon. La fille de Jacques Chirac s'enivre et vit les premières affres de la passion. L'acteur tourne alors avec Sophie Marceau. Il dut endurer les crises de jalousie d'une jeune compagne écartelée entre deux univers. Celui corseté et primitif de la politique où tout n'est que rapport de force, raids en territoire ennemi et batailles rangées. Et son pendant : celui, pailleté et insouciant, du septième art et du Paris noctambule où l'on se grise et s'épanouit à la nuit tombée. C'est là que la banquise se fissure et que Claude Chirac tombe l'armure. Elle laisse entrevoir une nature généreuse et gaie. Femme amoureuse échappée à la fournaise, elle devient un être vulnérable qui retrouve le goût des bonnes choses et des soirées entre amis. Prise dans un étau entre une mère autoritaire et un père, cheval d'orgueil inépuisable, plongé jour et nuit dans ses dossiers, Claude Chirac ne manque pas une occasion de se volatiliser. Fuir les appartements exigus et labyrinthiques de Matignon pour trouver refuge chez ses amies croisées quelques années plus tôt sur les bancs de l'école ou de Sciences-Po.

Souffler un peu avant de repartir à la bataille.

8.

À l'assaut de l'Élysée

En route pour la gloire ? L'argument a été maintes fois déplié devant Chirac : s'il veut gagner le coup prochain, emporter la présidentielle de 1995, il va lui falloir imaginer autre chose. Inventorier les idées neuves, renouveler les stratégies, peser et repeser ses chances. Et, d'abord, remettre à plat sa communication. Ce sera l'affaire de sa fille, a-t-il décrété. Un chantier d'autant plus difficile que le « client », qui n'a jamais caché son aversion pour la politique spectacle, se cabre facilement. La « com' » n'est pas son truc, il n'y voit qu'artifice et pacotille. Qui plus est, Claude, une vraie débutante, n'est pas la mieux armée pour accomplir cette tâche. Heureusement, traînent de longue date, dans le sillage du RPR, quelques pointures du métier chez lesquels Chirac, de tout temps, est allé picorer quelques idées. De Bernard Brochant à Thierry Saussez, d'Élie Crespi à Jean-Michel Goudard. C'est ce dernier qui fera l'éducation de Claude. Qui en sera le poisson pilote, dans le monde des médias. Publicitaire de renom, Goudard fut l'auteur du slogan de campagne de Chirac, en 1986, *Vivement demain*. Ce faux dilettante, amateur de football, de bons vins et de jolies femmes, a longtemps travaillé en sous-main pour celui qui lui demande, à l'époque, de chaperonner sa fille. Il devient son ami, une balise, son point fixe, et l'un de ses rares confidents. L'homme la drive, la coache, lui enseigne les rudiments du métier. La convertit au jargon des « pubeurs », un monde d'artisans au sein duquel l'on commence alors, à peine, à mouliner du « quali » et du « quanti ». C'est lui, également, qui lui présente Christiane Stahl, avec laquelle Claude façonne la nouvelle image de son père et se lie d'amitié, au point de lui demander, un jour, de devenir la marraine de son fils, Martin. Stahl ? Une ancienne publicitaire, passée par Beyrouth, où elle fut l'attachée de presse de l'ancien président, assassiné, Rafic Hariri. Avant de rejoindre, au printemps 2006, la Principauté de Monaco, où elle s'occupe, depuis, de l'image du monarque Albert.

Goudard ici, Goudard, là… Ombre vigilante et discrète, l'homme est, en coulisse, de 1986 à 2002, de toutes les offensives de Chirac. Aux côtés de Claude, le 12 novembre 1994, sur la pelouse de Reuilly, lors de son annonce de candidature à la présidentielle devant une foule de militants gaullistes chauffés à blanc. À *L'établi,* cette même année, où il rédige, dans le plus grand des secrets, un petit recueil de « réflexions » de Chirac, intitulée *La Nouvelle France,* qui fait alors l'effet d'une bombe. Et dans les coursives de l'Hôtel de Ville où on le croise affairé :

cornaquant des journalistes, à qui il ménage des entretiens, à la carte, avec le candidat à l'Élysée, prodiguant des conseils à Claude, qu'il entraîne par le bras dans des réunions où elle biberonne à ses côtés, aux premières loges de la machine de guerre chiraquienne qui se met alors en branle.

C'est aussi Jean-Michel Goudard qui présente à Claude « un mec génial », Jacques Pilhan : un magicien de la communication politique, aux raisonnements tout en arabesques, un sphinx taiseux. Cet homme au sourire de prélat, au phrasé onctueux et aux gestes de dentellière, dont François Mitterrand, puis Jacques Chirac, s'entichèrent, est l'un des rares, dans le landernau, à avoir su apprivoiser Claude Chirac. Par sa personnalité, d'abord : l'ancien conseiller en communication de Mitterrand affiche l'humilité et la prudence des penseurs, la timidité des laconiques, alliée au brio des manieurs de concepts. Un homme aussi efficace que discret. Claude a aussi été séduite par sa vélocité : technicien appliqué de la communication, Pilhan n'a pas son pareil pour échafauder des meccanos subtils qu'il restituait à l'hôte de l'Élysée. Un homme à qui il est le seul à pouvoir fournir le logiciel politique, à l'instant « T ». Jacques Chirac n'a pas oublié que c'est cet alchimiste qui est parvenu à transformer, au tout début des années 80, le très erratique François Mitterrand en un bateleur époustouflant d'agilité sur les plateaux de télévision. Brillant jusqu'à l'agacement, mais terriblement coincé lors de ses premières apparitions à la télévision, Mitterrand se transforma, du tout au tout, sous la baguette de Jacques Pilhan. Il l'imposa dans les médias, tel un produit « packagé ». Soudain à l'aise devant les caméras de télévision, aux côtés d'un Yves Mourousi ou d'un Guillaume Durand, on vit ainsi François Mitterrand évoluer au fil des années : l'ancien et très engoncé patron de la SFIO finit par succomber à une certaine forme de donjuanisme politique, parfaitement maîtrisé.

À l'inverse, Jacques Chirac ne s'est jamais senti très à l'aise sur les plateaux : face au roi des animaux, le buffle de Corrèze sembla longtemps lourd et mal dégrossi. Malgré sa longue expérience – ces quarante années passées à labourer le paysage politique – le maire de Paris a longtemps paru inexpérimenté face à François Mitterrand. Ce dernier en joua sur les plateaux de télévision. Face à lui, Chirac paraissait un politicien en herbe, un rat de laboratoire entre les mains d'un laborantin hors pair.

C'est à l'automne 1989 que Claude Chirac rencontre, pour la première fois, Jacques Pilhan, lors d'un déjeuner organisé par Jean-Michel Goudard. Ce dernier œuvre discrètement à ce rapprochement, habité par une seule idée : parvenir au transfert médiatico-politique de la décennie. Pour Claude c'est l'occasion de découvrir, enfin, celui qui a aidé Mitterrand à tendre tant et tant de pièges à son père, durant la cohabitation de 1986 à 1988. Pour elle, Pilhan, c'est l'intelligence même. Lors de ce déjeuner, elle l'observe sur toutes les coutures. Il émane de cet homme simple, au regard qui fouille et auquel son visage plissé donne l'allure d'une chouette à la nuit tombée, « une sorte de magie », disait-elle alors. Combien de fois Claude Chirac a-t-elle entendu son père soupirer, bien avant les législatives de 1993, après qu'il fut tombé dans l'une des nombreuses chausse-trappes que lui avaient tendues Mitterrand et son Machiavel : « C'est un Pilhan qu'il nous faudrait ! » ? Chirac s'en est convaincu au fil des mois : les sortilèges de ce conseiller de l'ombre ont été bien plus déterminants, qu'il n'y paraît, dans la réélection de François Mitterrand. Désormais, pense-t-il, sans maîtrise de la communication, il n'est pas de victoire possible.

Mais c'est seulement six ans plus tard, au lendemain de la présidentielle de 1995, que l'ancien communicant du président socialiste apparaît au grand jour dans le sillage de Jacques Chirac. TSJ : « Tout Sauf Jospin »... D'aucuns soupçonnent Jacques Pilhan d'avoir été, durant la campagne présidentielle, un conseiller occulte – appointé ? on ne le sut jamais –, par les chiraquiens : la « gorge profonde » que Jacques Chirac, lui-même, consultait secrètement, avec l'accord de François Mitterrand, chaque fois qu'il s'apprêtait à aller affronter Lionel Jospin sur les plateaux de télévision. Car, pour que Pilhan franchisse le Rubicon, il a fallu que François Mitterrand donne son feu vert. « C'est l'heure de Chirac », affirmait ce dernier. Considérant que la roue avait tourné, il pensait que son challenger méritait, à son tour, d'approcher le Graal élyséen. Jacques Chirac, pragmatique, ne vit, à l'époque, que des avantages à s'entourer des conseils d'un homme, dont on lui vantait, de longue date, l'agilité d'esprit. « Les présidents passent et certains fournisseurs peuvent rester », réplique ainsi Chirac à tous ceux irrités par l'irruption du diablotin socialiste en terre chiraquienne.

Bernadette Chirac n'est pas la dernière à ruer dans les brancards. Non seulement, l'épouse juge la conversion de Pilhan « bien soudaine » et « indécente » même. Mais elle trouve l'intéressé un tantinet cavalier avec son époux, qu'il a le « culot » d'appeler « Jacques » dans les réunions de travail, peste-t-elle dans les couloirs. « Tout juste s'il ne vous tutoie pas », s'agace la première dame de France. Elle soupçonne en outre Jacques Pilhan et Claude de vouloir l'effacer du paysage, la jugeant trop « ringarde », pas moderne, trop « bobonne », trop « mémère », bref, à gommer à tout prix des « plans médias » ! Comme le raconte Franz-Olivier Giesbert dans son *Journal intime*, Bernadette n'a jamais accepté la présence de celui qui, l'apostrophant, un matin de 1995, dans l'un des vestibules de l'Élysée, pointe son index vers sa nouvelle coiffure, tout en lui lâchant, d'un ton enjoué et plein d'approbation : « C'est bien, ça ! » sous les regards estomaqués des huissiers...

Suprême habileté pour les uns, merveille de psychologie pour les autres, l'ancien factotum de Mitterrand explique d'emblée à Chirac, que ne s'étant jamais installé physiquement à l'Élysée, il ne se voit pas changer, avec lui, de mode de fonctionnement.

Prestataire de luxe, il restera à l'écart du Château. Et il n'en référera qu'à Claude, et Claude seule, désignant ainsi la jeune femme comme son relais.

Pilhan a parfaitement analysé la situation. Il a compris qu'entre le père et fille, entre ces deux doutes, il n'y a pas la place d'une feuille de papier à bible. Pour cette raison, il confie à Claude le rôle de trait d'union, entre lui et Chirac : un lien ténu, mais capital, aussi irremplaçable que naturel. Chirac l'a d'ailleurs prévenu : « Soyez le bienvenu, Jacques, mais sachez qu'il y a Claude. Vous devrez compter avec elle. » Jean-Michel Goudard et Jacques Séguéla ont eux aussi briffé le communicant : « Tu verras, elle est douée, rapide et elle pige plutôt vite. Elle a certes, un petit grain, mais au bon sens du terme. Déjantée, juste ce qu'il faut. Et capable, sans doute, du meilleur. Alors, avec un peu de travail, tu pourras en tirer quelque chose. »

Avec Pilhan, débarque, alors, une petite équipe de techniciens de la com, au premier rang de laquelle, Jean-Luc Aubert. Cet intellectuel taiseux, ancien soixante-huitard, demeuré jusqu'à aujourd'hui encore, dans l'orbite de Claude Chirac, à qui il apporte ses lumières à titre amical, dépose sur le bureau de Pilhan le matériau brut de ses réflexions sur l'état du pays et du moral des Français. Des kilos d'analyses jetés en vrac, que dégrossit, ensuite, l'homme orchestre. Dans la bouche du communicant, reviennent en boucle, immanquablement, les mêmes leitmotivs : « anticiper », « mettre en musique », « dénicher le mot juste », « trouver la bonne adéquation entre un caractère et le pays profond. Entre un homme et l'opinion »… Un lexique, dont Claude Chirac s'est imprégnée, au fil des ans. Et qu'elle recycle, après la disparition de Pilhan. Comme un copié-collé. C'est en élève attentive et pointilleuse qu'elle digère ses cours. À côté, les pirouettes d'un Jacques Séguéla semblent alors de vieilles rengaines de publicitaires.

C'est parce que Claude est la seule, avec Bernadette, à y croire, et parce que la victoire, si elle est là, en 1995, sera aussi la sienne, que les « godillots » de la chiraquie la redoutent et la méprisent. « Je serai candidat à la présidentielle », leur avait lancé Chirac, au milieu d'un océan de scepticisme, comparable à celui de ces aficionados du vélo qui se gobergeaient, dans les années 70, au spectacle d'un Raymond Poulidor, l'éternel second du cyclisme français, claironnant pour la énième fois qu'il gagnerait un jour le Tour de France. Le spectacle est en tous les cas inouï. Comme aux premières heures de son entrée en politique, à l'époque où il sillonnait les patelins et bouffait du kilomètre, le voilà ratissant la campagne aux côtés de Claude, valises à la main. On les voit partout : de bar en restaurant, de comice agricole en succursale de mairie. Levés à l'aube, couchés à point d'heure. Avec elle, il avalera plus de vingt cinq mille kilomètres, visitera cinquante-deux départements, tiendra quelques quatre cents réunions…
Claude, la fausse cool et Jacques, le bretteur d'aventures, font un tabac : des virées, corps à cœur et un couple jeté sur les routes de France au fil d'un

périple qui prend, parfois, des allures grand-guigno-
lesques. Sillonnant, un jour, les rues du département
de Seine-Saint-Denis, la jeune femme invective le
chauffeur, Jean-Claude Laumont, qui venait de
passer à la peau de chamois la voiture de son père,
briquée comme un sou neuf : « Quand on va dans le
93, rugit-elle, on ne se trimballe pas dans une
bagnole qui brille. Démerdez-vous, mais je veux de la
crasse ! »

Ce marathon, comme seul Jacques Chirac en a
le secret, permet, en tout cas, à la presse de camper
un couple père-fille soudé dans l'effort, à la pour-
suite d'une même ambition, cramponné, côte à côte,
au volant d'une campagne toute en puissance et
vitesse. Un tandem de choc qui se claquemure à la
nuit tombée, après une journée harassante, pour des
tête-à-tête que nul n'ose interrompre. À l'époque,
Claude joue un rôle grandissant. C'est elle qui
régente chaque détail, qui met en musique, chaque
jour, sa communication. Elle que Jacques Chirac
cherche en permanence du regard et qu'il découvre
au détour d'un couloir, l'oreille vissée à l'un de ces
nouveaux téléphones portables qu'elle collectionne.
S'immiscer entre ces deux êtres eût été une erreur
sacrilège. Imaginer pouvoir défaire ce « lien sacré »
qui semble alors les unir reviendrait à s'exposer dangereusement à la colère de l'une ou de l'autre. La
jeune écuyère du chevalier à la triste figure, promue
voltigeuse de choc, a désormais les rênes en main.
Oubliée l'époque où la petite fourmi sacrificielle servait le café, en silence, aux têtes pensantes de la chiraquie et écoutait Nicolas Sarkozy en pâmoison.

Désormais, il va falloir compter avec elle. Lorsqu'en 1990 Sarkozy prend du galon au sein de la cellule présidentielle, qui s'est installée dans un immeuble du boulevard Saint-Germain, il l'entraîne à ses côtés, convaincu qu'elle est la seule à avoir une influence sur Chirac. Fine équipe que celle composée du feu follet de la droite et de ce bras armé en tailleur strict. Ainsi, lorsque Jacques Chirac découvre, fou de rage, le 29 mars 1993, le gouvernement d'Édouard Balladur, sans qu'il ait été associé une seule seconde à sa composition, il décide d'annuler sur-le-champ un dîner qui devait se tenir, le soir même, au domicile d'Édouard et de Marie-Josèphe. C'est Claude qui, à la demande de Nicolas Sarkozy, calme son père et sauve les agapes d'une soirée où elle fait bonne figure à la table des Balladur. Lesquels offrirent à Jacques Chirac, ce soir-là, une confortable paire de mules. Délicate attention à l'égard d'un homme que l'on bichonne, dans l'espoir de le voir entamer une retraite politique méritée...

Entre Balladur et Chirac, c'est le début de la rupture. Et quand Nicolas Sarkozy, touché par la grâce balladurienne, quitte le navire, Claude Chirac le prend entre quatre yeux. S'il avait été un homme, elle lui aurait sans doute mis son poing dans la figure, elle se borne à lui jeter au visage, le regard noir : « Si tu veux être gentil, à l'avenir, avec mon père, évite, s'il te plaît, de lui parler de Balladur. Et évite, aussi, dorénavant, de m'adresser la parole. » Même mâchoire volontaire, même ton sec, quand Claude veut se faire entendre, même énergie, même grain de beauté, aussi, à la naissance du nez... « C'est une vraie Chirac », a souvent répété Bernadette, qui s'en est même exaspérée. Celle qui voulait, toute jeune, « filer un coup de main à son dab » a pris à l'évidence de l'épaisseur et du coffre. Érigeant la modestie en barricade, devenue indépendante, de tous et de tout, elle mûrit en silence sa revanche contre tous ceux qui se sont ligués pour lui faire « la nique ». Mais quand sonnera la victoire, elle pourra alors se prévaloir d'avoir mené son père à bon port : César aux portes d'Alexandrie.

À l'automne 1985, Claude Chirac expliquait au journal *Confidences* : « Je ne serais pas capable, comme maman, de me sacrifier pour un homme... » Elle disait faux. Dix ans plus tard, la trentaine déjà sonnée, la voilà soudée à celui dont elle a épousé les pas. Pour ceux qui en doutent encore, à cette époque, il suffit de suivre Jacques Chirac dans ses déplacements en province : cherchez le père, vous trouverez la fille. La dernière année de campagne de Chirac, en 1994, elle est scotchée à ses basques. Elle veille à tout, prépare les meetings, visite les salles, repère l'angle des caméras, corrige les plans. S'assure qu'aucune image de son père ne soit prise en contre-plongée, ce qui a pour effet d'alourdir sa silhouette, de bouffir ses traits. On la voit à Lille, alors que Jacques Chirac vient d'annoncer sa candidature dans un entretien à *La Voix du Nord*. À Bordeaux, également, à la table de Jacques Chaban-Delmas, que son père est allé visiter pour y recevoir l'onction présidentielle. On l'entend, aussi, passer au crible les castings serrés de journalistes autorisés à suivre ou non Chirac : adoubant les uns, écartant les autres. Combien de fois l'a-t-on entendue pester contre l'un d'entre eux, après que son journal eut publié une photo de son père portant des lunettes : « Cela fait des mois qu'il n'en porte plus. » Au grand dam de ce dernier qui, myope comme une taupe, se déplace, alors, un peu à tâtons, depuis que Claude l'a convaincu de les chausser le moins possible, question d'esthétique. Son savoir-faire, Claude Chirac l'a construit ainsi empiriquement, avant de l'éprouver durant ces longs mois de campagne. De cette expérience, elle a retenu un dégoût, mêlé de terreur, pour les médias traditionnels. Une méfiance instinctive que partage Chirac et qui l'a conduite à dresser un véritable cordon sanitaire autour de lui. Hostile aux apartés avec des journalistes, auxquels Chirac succombe, à l'occasion, mais qu'elle s'emploie à interrompre, lui faisant signe de la main, à distance : « Qu'il dégage… » Cinglante à l'égard de ces roitelets de l'UMP qu'elle somme de la boucler, après qu'ils se sont exprimés sur les plateaux de télévision au nom de Chirac. Une période clé qui voit son père lui vouer une confiance d'autant plus aveugle qu'elle touche au cœur de sa vulnérabilité. Pudique, piètre orateur, mal à l'aise devant les caméras, à qui d'autre que sa propre fille peut-il confier ses faiblesses ? Consciente de ses lacunes, elle lui épargne du coup ces séances de torture. L'éloigne des plateaux et l'embarque pour de longues plongées au cœur de la France des « vrais gens ». C'est là que s'élabore l'image d'un candidat dont l'horizon s'éclaircit, tandis que s'estompent, peu à peu, les heures sombres de l'automne 1994, où tout n'était que solitude, trahison et cruauté. Tout heureuse, Claude débarque, un matin, dans le bureau de son père, une cassette des Guignols de l'info de *Canal+* à la main. En quelques semaines, cette émission a réussi cet exploit que trois décennies de visites de foires agricoles et de serrages de main ne sont pas parvenues à obtenir : rendre Chirac sympathique. Ces saynètes, auxquelles l'imitateur Yves Lecoq – membre par ailleurs du comité de soutien de Jacques Chirac – prête sa voix, font des ravages des cours d'école aux meetings où la pomme, symbole de la campagne inventé par l'équipe des humoristes de *Canal,* s'impose, tel un gimmick publicitaire inespéré.

De Gaulle, en épigraphe du *Fil de l'épée,* avait choisi, rappelle Serge July dans l'un de ses ouvrages, une citation de Hamlet : « Être grand, c'est soutenir une grande querelle. » La grande querelle de Jacques Chirac, à l'aube de la présidentielle de 1995, c'est la croisade qu'il entame contre la fracture sociale. Si François Mitterrand, réinvestissant la mystique gaulliste, s'était fait élire, en 1981, puis en 1988, sur le thème du rassemblement des Français et des valeurs nationales, Chirac, lui, s'est laissé convaincre par la pertinence d'un discours fondé sur la réconciliation sociale. Claude est au cœur de cette évolution, dont Bernadette avait saisi, elle aussi, à cette époque, toute l'importance. La jeune femme joue un rôle déterminant durant cette période. Elle a du « pif ». L'air du temps, elle connaît. Claude préfère aux ors de la République les salles de restaurant et les bistrots, où

117

la France profonde, celle des terroirs et des clochers, vient éditorialiser, à l'heure de l'apéro. Elle préfère, de loin, écouter les propos de comptoir, qui lui permettent de décoder les signes d'une époque, que d'endurer les péroraisons des collaborateurs de son père qui la traitent de haut. C'est dans la rue que Claude Chirac « radarise » les humeurs des Français. Autant d'impressions qu'elle restitue en vrac à son père, sous les regards parfois accablés des petits messieurs en cols blancs. Mais qui l'écoutent sans moufeter, un peu plus tard, quand les sondages lui donnent raison et que Chirac commence à gagner des points dans les sondages d'opinion, après qu'il eut consciencieusement exploité certaines des thématiques martelées par sa cadette. Claude Chirac a ainsi indubitablement pesé d'un poids certain pour que son père arrondisse, humanise, « socialise », son discours. Mentalement drapé dans une robe de bure, le nouveau Chirac se fait l'avocat des plus démunis. Dès lors qu'un journaliste aborde, devant lui, la question des sans-abri, on le voit prendre une mine compatissante. Sur la base de ce qu'elle ressent et entend, Claude usine sans relâche des formules obsédantes, comme autant de slogans publicitaires. Les unes tombent à pic, certaines autres à plat. Ainsi, elle l'encourage, à l'hiver 1994, à se prononcer en faveur de la réquisition de logements à Paris, au bénéfice des plus démunis. Quitte à prendre à rebrousse-poil une partie d'un électorat de petits propriétaires, douchés par ces propos inédits.

Chirac tempête aussi, à cette époque, face aux images de TF1, cette chaîne « vendue à Balladur » qui se « vautre à Matignon », et qui s'appesantit jusqu'à plus soif sur les images d'un Premier ministre raccompagnant l'Abbé Pierre au bas du perron de l'hôtel Matignon. Un prélat dont Balladur porte délicatement le manteau, avant que le saint homme ne quitte la rue de Varennes dans une voiture mise à sa disposition par le chef du gouvernement, le tout sous les crépitements des flashs des photographes. TF1, la « tricarde », dont Jacques Chirac tance les dirigeants, à la veille du second tour de la présidentielle, après que Claude l'a chauffé à blanc dans la voiture qui l'emmène vers le siège de la chaîne, à Boulogne-Billancourt. Invité du journal de 20 heures, le maire de Paris jette à la figure des responsables de TF1, Patrick Le Lay, Étienne Mougeotte et Gérard Carreyrou, qui l'accueillent en rangs serrés, au pied de l'immeuble, telle une escouade au rapport : « Quant à vous, direction la mine de sel ! »

À gauche toute ! Claude Chirac a convaincu son père, dès 1988, de se convertir à la culture des « potes ». Encouragée par Jacques Pilhan, elle a noué des contacts discrets, à l'époque, avec Julien Dray, cofondateur de SOS Racisme, ce trublion de la gauche extrême, que François Mitterrand avait incorporé dans les rangs de la nouvelle garde socialiste. De cette rencontre entre le futur député PS de l'Essonne et la fille du maire de Paris, naît une vraie amitié. C'est auprès de Julien Dray, et plus tard chez d'autres amis socialistes, comme Pierre Moscovici, qu'elle va flairer l'air du temps, puiser des idées, dénicher de futurs slogans, qui ne dépareraient pas dans les bréviaires du PS. Cet axe Dray-Chirac a même servi de passerelle discrète entre chiraquiens et mitterrandiens, dans la période qui précéda l'élection de 1995. François Mitterrand encouragea ce flirt, ce complot : le pourfendeur d'Édouard Balladur y trouve l'occasion de briser l'élan de l'hôte de Matignon et de laminer ses espoirs présidentiels.

Claude a épaté Jacques. Quoi de plus doux que de sentir dans son regard cette fierté paternelle, cette admiration non feinte qui la transporte et ces œillades discrètes qu'il lui décoche… Chirac est baba. Pas seulement, parce qu'elle a su le réconcilier avec les médias et parce qu'elle a été, des années durant, sa vigie, son petit télégraphiste préféré, dépêché sur tous les fronts chiraquiens. Pas seulement, non plus, parce qu'elle n'a eu de cesse, durant les longues traversées du désert, d'écarter tout ce qui était susceptible de l'accabler. Non, ce qui le bluffe, c'est cette capacité qu'a sa fille d'arracher certaines grandes décisions contre l'avis de tous les technos, de tous les experts, qui le cernent et dont elle sait, comme personne, clouer le bec et surgeler les ambitions. C'est la preuve chez elle d'une autorité grandissante. Devant le danger Balladur, Claude « a fait le boulot ». Qui d'autre aurait déminé le terrain et assaisonné cette « clique », comme elle l'a fait ? En 1995, à quelques jours de l'élection présidentielle, Chirac réunit autour de lui quelques-uns de ses collaborateurs. Claude est là. Et il lâche, à propos d'Édouard Balladur : « Cet homme n'a pas de nerfs, c'est un faible. Il craquera au premier sang. » Et Claude d'abonder, à sa manière, dans ce registre tout particulier, qui lui est sien, « T'as raison, c'est une couille molle. Il s'effondrera ! » Un de chute.

Qui d'autre aurait accepté à ce point de renier, au nom du père, nombre de ses amis, pris en flagrant délit de trahison ? Pour lui, elle a tourné le dos à Nicolas Sarkozy, cet être si cher qu'elle aimait comme un frère et bien plus encore. Et qu'elle maudit, aujourd'hui. « Je lui dois mon apprentissage politique et en cela, il fut le meilleur. Mais pour le reste, Nicolas est un médiocre », a-t-elle aussi l'habitude de conclure. Et de deux !

Quel autre enfant, enfin, aurait eu ces mille et un petits gestes à son égard. Comme ce coup de fil passé au restaurant *Le Bougainvillier*, à Paris, le 16 mars 1996, où ses parents ont choisi de dîner, en tête à tête, pour leurs quarante ans de mariage. Claude qui avait lu le menu avait demandé que l'on fasse changer une sauce hollandaise, jugée trop riche pour l'estomac de son père, en une sauce mousseline, plus légère. Claude veille à tout. Dans les mois qui précèdent le premier tour de la présidentielle de 1995, elle s'est attachée à « traiter » les journalistes, un à un, écartant les uns, cajolant les autres, minaudant ou mordant, selon la cible. Elle a dormi, mangé, respiré Chirac, sacrifiant sans rechigner des pans entiers de sa vie privée, pour ne pas dire, toute sa vie privée, dans l'unique but d'accompagner jusqu'au bout le dessein d'un seul homme…

Quand sonne la victoire, le 7 mai 1995, quand tombe, à 17 heures, de la bouche du directeur de campagne, Patrick Stefanini, la nouvelle tant espérée, mais si chèrement acquise, c'est un bonheur indicible qui étreint la jeune femme. Pourtant, personne ne l'a vue sauter de joie, encore moins trépigner. Pas une larme, pas un cri. Un vague sourire peut-être. Là aussi, l'héritage familial explique cette réserve. Surtout, pas d'ostentation dans la félicité, comme dans le malheur. À l'hystérie collective, qui gagne le QG de Chirac, avenue d'Iéna, répond la douce euphorie d'une famille qui savoure discrètement l'instant et qu'entourent quelques fidèles, de Line Renaud à Grégory Peck.

Relooké, requinqué par la modernité filiale, le recalé de 1981 et de 1988 doit-il, ce jour-là, la victoire à sa fille ? Claude a-t-elle couronné Jacques ? Le succès du père dérive-t-il d'une politique de communication bâtie au cordeau par la fille du chef ? Si ces questions n'ont jamais vraiment trouvé de réponse, on peut affirmer, sans détour, que le rôle joué par Claude Chirac a largement pesé dans la balance. « Fadaises », répond-elle, en écho, depuis douze ans sans en démordre. Cette reine de l'esquive est passée maître dans l'art du faufilage en douce. Elle ne cesse de surprendre par sa roublardise et son absence totale d'état d'âme. Pour l'heure, assise devant un poste de télé, à l'Hôtel de Ville, fourbue mais aux anges, elle attend ses parents qu'une armée de cameramen ont pris en chasse dans une folle traversée de Paris, restée dans les mémoires. Dans les longs corridors, vidés de ses visiteurs, Claude achève de régler chaque détail.

Ses mains gazouillent un langage de sourd-muet, elle claque des doigts pour faire accélérer les choses, « pfuit-pfuitt ! », et signifie à ceux qui l'interpellent de loin et qui voudraient la congratuler, qu'elle les rappellera plus tard. « Plus tard... » Sous les dorures de l'Hôtel de Ville, elle n'a souhaité ni caméras, ni journalistes : tel Louis XIV revenant de son sacre de Reims, « Chirac » montera, seul, l'escalier majestueux qui conduit à son bureau. Ce n'est pas Mitterrand sur les marches du Panthéon, mais l'image fera l'affaire... Cette scène, comme un bas-relief, Claude en a imaginé chaque détail. Mais pas qu'un photographe de *VSD*, qui a échappé à la vigilance des huissiers de la Ville, l'immortaliserait. Une négligence qui déclencha la toute première colère de la nouvelle conseillère du Président.

Pour Claude Chirac, il est temps de faire le lit des années de ressac, d'oublier les heures calamiteuses passées à fond de cale. Il est urgent de fermer les tiroirs peuplés de doutes. La victoire en poche, elle se prépare à emboîter le pas de celui qui s'avance à grandes enjambées, sur le parvis de l'Hôtel de Ville. Elle le suit d'abord des yeux. On l'a dit « mussolinien » – C'est le communiste Jacques Duclos qui le premier lança le mot – pour son menton volontaire, ses longues foulées un peu martiales et son côté hussard. On l'a dit « facho », aussi, pour ses propos sanglés. C'est méconnaître « papa », cet homme si peu de droite en vérité et dont elle sait le rêve profond : se faire aimer de cette France qui l'a si souvent rejeté. Voilà l'espoir et la tâche immense qui attend Claude Chirac : les réconcilier.

Elle prépare déjà ses cartons dans un grand désordre d'idées. Son esprit chemine entre deux précipices : à nouveau le sacrifice annoncé de sa vie privée – pour combien d'années, encore ? –, et l'ardente obligation de réussir sa mission.

Dès l'installation de Jacques Chirac à l'Élysée, Claude prend ses quartiers dans un bureau situé à l'écart du Château, à deux pas du volcan…

9.

À deux pas de l'Élysée,
dans le bureau de Claude Chirac

C'est là dans son QG qu'elle m'accueille à l'automne 2006. Elle s'y est repliée avec pour seule compagnie un planton à képi, au rez-de-chaussée, et une secrétaire, à collier de perles, au premier étage. Rien de bien luxueux à première vue. C'est une simple pièce d'une dizaine de mètres carrés, d'allure monacale, meublée de quelques chaises et d'un petit bureau en bois brut, type Ikéa. Dans ce bureau où elle me reçoit, peu de chose : ici, un « paper-board » sur lequel elle a jeté, au feutre noir, des schémas de communication, comme autant de hiéroglyphes indéchiffrables pour le commun des mortels. Là, un appareil de musculation acheté par correspondance, mais dont elle ne s'est jamais servie, « faute de temps ». Rien de plus. Les murs sont nus. Pas même un portrait de Dieu à l'horizon…

C'est dans ce bureau sans âme, que depuis douze ans Claude Chirac verrouille tout, jongle avec

125

des téléphones portables, qui alourdissent les poches de ses vestons, et autopsie le contenu de dizaines de parapheurs qui lui parviennent de l'imposante maison voisine, dont elle a investi l'une des dépendances.

C'est d'ici qu'elle revendique un parler franc et carré avec les collaborateurs de son père, sherpas et sous-fifres. Qu'elle affiche une discrétion absolue et maladive avec la presse, sur laquelle elle pèse de tout son poids et à laquelle elle ne passe rien : du plus petit commentaire à la plus insigne des indiscrétions. C'est de ce bureau, enfin, qu'elle entretient savamment le mythe, bien fragile et si peu crédible, de la petite main courageuse aux responsabilités rabotées... Un simple pion qui assure vaillamment ses permanences à l'Élysée et qui rejoint, à la nuit tombée, à bord de sa Clio, l'école de son fils. Un petit tour chez Picard, un coup de fil à une copine et de longues conversations avec Martin, avant le coucher, rythment des soirées immuablement ponctuées d'interminables entretiens téléphoniques avec « Chirac ». Seul le portable, toujours à portée de main, continue à jouer les intrus dans l'intimité de celle qui s'aventure rarement hors de son domicile.

Sur le point de la rencontrer, on se sent Petit Chaperon rouge à l'orée de la forêt... Le jour de notre rendez-vous, elle est arrivée en retard. Essouf-flée, elle a poussé la porte, puis s'est confondue en excuses, « Une réunion... Désolée, je suis confuse ». La poignée de main est ferme, le sourire avenant. Elle m'entraîne dans son bureau à grandes enjambées, s'assoit, croise les mains l'une sur l'autre et plante un regard qui frise : entre la banderille et la mouche tsé-tsé, un coup je te pique, un coup je t'endors. À sa façon de mettre un peu sa tête en arrière pour mieux vous jauger, de sourire sans être narquoise, on sent, d'emblée, une détermination farouche à ne rien laisser transparaître. Une mèche blonde indocile barre son front, il doit y avoir des orages là-dessous. Le teint de porcelaine, blanc cassé par les veilles et les décalages horaires, accentue un sentiment de froideur. Elle parle d'une voix basse et douce qui parfois s'empêtre, comme si elle redoutait d'aller trop loin dans la confidence. Il y a quelques jours, elle était en Chine, quarante-huit heures d'un voyage officiel « épuisant, mais si enrichissant ». L'interview se déroule comme sur des rails. Pour une « allumée de première », comme la dépeignent ces bonnes âmes qui l'étrillent dans Paris, cette adepte de la communication malthusienne est plutôt du genre contrôlée. Claude Chirac ne lâche rien. Fermée à double tour, elle fronce les sourcils, et feint de ne pas comprendre la question. Tout est fait chez elle pour botter le plus loin possible, en touche. Chaque interrogation apporte une réponse millimétrée, dont il est impossible de tirer le moindre enseignement. La santé de Jacques Chirac ? « Le président est en pleine forme… » Les spéculations sur son éventuelle candidature à la prochaine présidentielle ? « Le président n'exclut rien. Pour l'heure, il dirige les affaires de la France… » Son calendrier d'annonce ? « Le président n'a rien arrêté… »

Sitôt assise, elle me balade, élude mes questions. Je dois me contenter de réponses qui n'en sont pas. « Et vos projets pour l'après-2007, une fois que vous aurez quitté l'Élysée, si vous le quittez un jour, bien sûr... ? » « Je n'y ai pas vraiment réfléchi », dit-elle, arrimée au bastingage. On l'a dit cassante ? Ce jour-là, c'est tout le contraire : elle a choisi de faire patte de velours.

Claude Chirac affiche le visage d'une ingénue qui vous glisse allègrement entre les doigts. Et qui aime à renverser les rôles. La voilà qui se met à m'interroger longuement sur Ségolène Royal, un « animal politique » à qui elle ne trouve pas que des défauts, loin s'en faut. Face à elle, Nicolas Sarkozy risque d'avoir de sérieux problèmes. Bisque-bisque-rage, toujours cette haine sous-jacente, ces philippiques à fleur de mots, pour l'ange noir de la place Beauvau.

Après une heure d'un tête-à-tête sympathique mais d'un vide sidéral, aussi clinique, par le contenu, qu'un entretien d'embauche à la Caisse des Dépôts, la jeune femme me raccompagne à l'ascenseur. Et tourne les talons avant de jeter, comme pour s'excuser de cette maigre vendange : « N'hésitez pas à me rappeler, si quelque chose vous tracasse ou vous manque... »

En vérité, la jeune femme excelle dans l'art de ne rien dire et de faire parler les autres. Nombre de pontes de la chiraquie, invités à déjeuner au restaurant, se sont souvent entendu dire sur le trottoir, au moment de se quitter, après qu'ils ont vidé, parfois imprudemment, leurs besaces : « C'est difficile de se parler dans ces endroits, on a toujours le sentiment d'être écouté. » Le numéro est bien rodé. Comme son père, elle écoute, plus qu'elle ne parle. Comme sa mère, elle peut être cinglante et expéditive. Pour le grand malheur de ceux qui la côtoient, elle est un mélange explosif des deux, une alternance de coups de griffe et de roucoulades, un mélange de distance et de séduction. Des fenêtres, à l'étage, on aperçoit la piscine privée de la famille Rothschild. Et derrière, en toile de fond, les jardins de l'ambassade des États-Unis où le 4 juillet dernier, jour de la fête nationale américaine, fut organisé, me racontait, quelques instants plus tôt, la secrétaire, un rodéo, suivi d'un immense feu d'artifice. « C'était grandiose, Claude Chirac et moi étions aux premières loges… » Le détail des festivités de monsieur l'ambassadeur des États-Unis en France ? La seule info du jour, en vérité.

Claude tout comme Bernadette jouent avec cette image de petits soldats, de petites mains besogneuses… À entendre Claude, elle n'aurait qu'un poids relatif dans le dispositif élyséen. Quant à sa vie privée, sur laquelle elle ne s'étend jamais, elle l'aurait organisée autour d'un seul petit être, Martin, l'enfant-Bouddha du clan, son fils adoré. Voilà pour la version officielle : l'un des personnages les plus importants de l'appareil chiraquien ne serait qu'une Cosette de la politique. C'est ainsi : Claude Chirac s'attache à cultiver, à souhait, depuis 1995, l'image d'une simple collaboratrice, dont le destin, peu commun, s'effiloche avec un compte à rebours angoissant qui la rapproche d'une élection présidentielle en forme de couperet.

Claude Chirac prend un soin infini à démentir, la main sur le cœur, l'information selon laquelle elle serait allée démolir, dans le bureau de son père, un projet de texte gouvernemental qu'un ministre s'apprêtait à déposer, le lendemain même : « Vous n'y pensez pas ? Comment interviendrai-je sur un domaine qui n'est pas de mon ressort ? » dira-t-elle au dit ministre. Il n'en croit pas un mot, bien évidemment. Pas un membre de l'équipe Villepin n'a oublié le rôle déterminant que joua Claude Chirac au moment de la débâcle du CPE. Convaincue que le désastre n'était pas loin, elle fut, avec Jean-Louis Borloo et Nicolas Sarkozy, de ceux qui persuadèrent Chirac de faire plier son Premier ministre. Après qu'elle eut jeté en prime, dans le dos de ce dernier, quelques pelletées de terre, l'assaisonnant de quelques noms d'oiseau.

Déjeuner en tête à tête avec Claude relève du privilège. C'est l'occasion inespérée de faire passer un message au président : n'est-elle pas le plus précieux des Sésame ? Mais le trait d'union peut se révéler hachoir lorsque la disgrâce tombe. Comme pour ce député qui se morfond de n'être pas rappelé, alors qu'il a laissé moult messages, tous « urgents », à son secrétariat... Les cimetières se remplissent vite avec celle qu'il ne fait pas bon trouver sur son chemin. Au contraire, tel autre apparaît bouffi d'orgueil, après qu'elle l'a reçu vingt petites minutes dans son bureau : l'expression « J'ai vu Claude » vaut son pesant de bons points à la bourse élyséenne. Un autre, enfin, se dandine dans l'antichambre qui mène au bureau de Chirac, entame une danse du paon lorsqu'il tombe, nez à nez, avec celle qui l'embrasse comme du bon pain : « Comment vas-tu ? Cela me fait plaisir de te voir. » Avant de le prendre par le coude, « Allez viens, je t'emmène voir le chef ».

Franchir les portes de l'Olympe au bras d'Antigone… Un phénomène de cour classique qui illustre toute la réalité d'un pouvoir et d'une influence. Même si ce pouvoir réside avant toute chose dans l'attitude d'une classe politique qui la voit, d'abord, comme la « fille de son père » et qui ne la regarde que sous ce seul angle.

Une filiation, dont elle se passerait parfois bien volontiers, tant ce nom lui est pesant, par moments. Pour se protéger des quémandeurs, Claude a dû dresser une barrière à l'entrée de son bureau. Même si elle répète que le président la traite comme n'importe lequel de ses conseillers, c'est chez elle qu'atterrit l'essentiel des suppliques émanant du monde de la culture et du show-biz. Elle a dû apprendre à dire non – une loi d'airain que s'est forgée celle qui ne s'autorise pour elle-même aucun passe-droit depuis toujours – et à faire la morte, quand on vient tirer sa sonnette. Frappée par la trahison de Balladur, Claude Chirac a tendance à ne voir que des « faux-culs » autour d'elle. Comme son père, à qui elle a appris à se défier de tout et de tous. De tel auteur à succès, par exemple, qui veut impérativement lui faire passer son prochain script, « où il sera question de Chirac, d'ailleurs », et qui se morfond de ne pas avoir de réponse. De tel autre, soi-disant copain du show-biz, qui sollicite un petit coup de pouce, en vue de l'obtention d'un visa pour un prochain séjour à l'étranger. De tel metteur en scène, encore, un « ami des Chirac », qui souhaiterait la présence de « Jacques » à la première et dont il faut, là aussi, repousser les assauts. Lors du retour au cinéma de Jean-Paul Belmondo, en 1998, après trois années d'absence, l'attaché de presse de l'acteur, dont le film, *Une chance sur deux*, s'apprêtait à sortir sur les écrans, avait demandé à Claude Chirac qu'elle intercède auprès de son père, afin qu'il se déplace à l'avant-première. Argument de l'attaché de presse : Johnny Hallyday serait là et la star insistait pour que le président soit également présent. Ce fut *niet*. Claude expliqua, simplement, que, si Chirac disait « oui » à Belmondo et à Hallyday, il serait dans l'obligation de dire « oui » à tous ceux avec lesquels il dîne de temps à autre et qui l'assaillent de demandes. Ni cadeau, ni passe-droits. Cette règle, à laquelle Claude Chirac n'a dit-on jamais dérogé, n'est pas appliquée à la lettre par le reste de la famille. Bernadette par exemple se montre plus souple, plus conciliante : elle mobilisa par exemple toute son énergie afin d'aider Johnny et Laetitia Hallyday, au moment de l'adoption de leur enfant. Bernadette Chirac intervint, non seulement auprès du Quai d'Orsay, où Philippe Douste-Blazy

À DEUX PAS DE L'ÉLYSÉE, DANS LE BUREAU DE CLAUDE..

mit tout son zèle afin de répondre à la requête de la première dame de France et à la supplique du chanteur et de son épouse, mais elle interpella, également, les autorités vietnamiennes, afin de faire accélérer la procédure. La presse relata largement l'affaire, ce qui eut pour effet de plonger Claude Chirac, remontée contre sa mère, dans une colère noire.

10.

À l'Élysée, le triomphe d'une reine
de la communication...

Quand Claude Chirac arrive à l'Élysée dans le sillage de son père, au lendemain de la victoire de 1995, pour tout le monde le message est clair : désormais, il faut compter avec Claude. Celle qui, par le passé, faisait chauffer le café pour Nicolas Sarkozy et les pontes de l'UMP, qui portait les projets d'affiches et de maquettes de campagne, en trottinant derrière Jacques Pilhan et Jean-Marc Lech, le patron de l'Institut Ipsos, cet autre soutier de la politique de communication de Mitterrand, puis de Chirac, n'a plus rien d'un second couteau. Indéniablement, le métier est rentré. Claude Chirac va prendre en main les commandes.

Si l'ancien « tonton-maniaque », Jacques Pilhan, pose ses jalons, « fifille » décroche ses galons. Elle gagne, au passage, quelques sobriquets pas franchement sympathiques. Parmi eux, celui de « Garaud-Line de Monaco » : un mélange, pas très heureux, entre Marie-France Garaud, l'ancienne conseillère politique et sicaire de Georges Pompidou et Caroline de Monaco, princesse et amie des « people ». Car c'est surtout à cette époque que les médias commencent à braquer leurs projecteurs sur elle. On l'aperçoit aux côtés de ses parents, posant pour les photographes. Lunettes noires et portable rivé à l'oreille, elle fait la « Une » de *Match* et la joie des psycho-astrologues. Le magazine *Elle* la dépeint en « Amazone ». Sagittaire, ascendant Bélier, Claude Chirac, lit-on, a « l'esprit de compétition », « cherche à se faire seule », « refuse de se soumettre, de s'incliner »... On dresse, avant l'heure, le portrait d'une coriace. D'une aventurière bouffée par le sel et les embruns de la politique, qu'aucune lame de fond vingt ans plus tard n'est parvenue à emporter.

Si Claude Chirac a appris vite, c'est d'abord parce qu'elle a tenu compte de ce qu'était son « client », cet homme qu'elle connaît sans doute le mieux au monde, mais dont le tandem Pilhan-Lech lui dresse un portrait sans concession. Si François Mitterrand, lui martèlent-ils souvent, était perpétuellement sur le fil du rasoir, entretenant le mystère, suscitant l'attente et ne parlant aux médias qu'au dernier moment, Jacques Chirac, parce qu'il est un animal médiatique sans surprise, à l'évidence bien moins doué que son adversaire, se prête, à l'inverse, à une communication formatée.

Règle de base, pour tous ceux qui l'entourent, à l'Élysée : rester à un battement de cœur du président.

Ne jamais laisser Chirac seul face à un micro ou une caméra. Et baliser son quotidien. À l'image de ses agendas, calés six mois à l'avance et dont il ne s'écarte jamais. De ses fiches cartonnées et « stabilobossées », qu'on lui prépare et qu'il bachote studieusement.

Le président est un aveugle que l'on ne sépare pas de sa canne blanche. Un automate de la politique, dont les logiciels sont chaque matin remis à jour. Une mécanique un peu rustique, qui démarre, le matin, à un rythme de diesel, et dont chaque étape de la journée est soigneusement établie. Le moindre grain de sable peut avoir de lourdes répercussions. Ainsi est-il impératif de lui bâtir des plans médias au cordeau, assortis d'interventions soigneusement préparées et réduites, si possible, au strict minimum. On utilise du papier plastifié, sur lequel sont couchées des notes écrites en gros caractères, dès lors qu'il s'agit d'une communication lue en Conseil des ministres. On fait appel au prompteur, où défilent des textes exagérément grossis – depuis qu'il ne met plus de lunettes en public –, quand Chirac s'aventure sur un plateau de télévision. Tel un monarque sur le déclin, que l'on aurait flanqué de deux béquilles, Jacques Chirac est ainsi l'objet de toutes les attentions. Aucune image de lui, depuis sa première installation à l'Élysée, n'a été laissée au hasard. Photographes tenus à distance, lors des campagnes de 1995 et de 2002, présence de caméras de télé réduite au minimum, entretiens ciblés avec des journalistes triés sur le volet, bains de foule soigneusement dosés… Tout est fait pour le protéger, y compris de lui-même. Il aura laissé passer, en l'espace de deux mandats élyséens, pas moins de cinq années, entre ses deux seules interventions à la radio, sur une même station, *Europe 1* : septembre 2001 pour la première, octobre 2006 pour la seconde.

Du jamais vu sous la Ve République. Une parcimonie que déplorent les médias qui critiquent à l'envi, depuis douze ans, cette communication au rabais et déplorent, tout aussi nettement, l'absence et le silence du chef de l'État quand tout l'invite à réagir. « République bannière », « dérive soviétique », « stratégie du bunker » : tout a été dit. Mais rien n'y fait : Chirac reste à couvert. Tout a été mis en œuvre pour lui éviter les coups.

L'une des toutes premières innovations techniques, imposées à l'Élysée par Claude Chirac, fut le double prompteur. Un gadget rapporté des États-Unis, au terme de l'un de ses nombreux séjours. C'est là-bas qu'elle avait découvert l'existence de cet outil : deux petits panneaux de plexiglas, totalement translucides et invisibles à l'œil nu, dont Ronald Reagan – Claude Chirac avait lié connaissance quelques années plus tôt avec son staff, le temps d'un stage d'observation – se servait pour ses discours. Claude avait été bluffée par les performances et le bagout de l'ancien acteur : un homme capable de tenir en haleine, des heures durant et sans la moindre note, des salles entières, devait forcément avoir des talents cachés ! Le président américain virevoltait sans peine, d'un bout à l'autre de l'estrade, au gré de ce qui semblait n'être qu'un exercice de pure improvisation. La politique américaine n'avait jamais fabriqué à ce jour un tel VRP...

Intriguée, la jeune femme avait poussé ses investigations un peu plus loin et découvert le pot aux roses. Le chef d'État le plus puissant du globe ne faisait que lire un texte qui défilait lentement sur deux écrans fantômes, situés de part et d'autre de la scène. Si le plus pur produit de la culture texane, un homme sans grande culture et piètre orateur, était capable d'un tel numéro de funambule, Jacques Chirac, ce bateleur de la politique, sans égal sur l'échiquier français, aux yeux de sa fille, n'aurait, pensait-elle, aucune peine à faire de même. Une fois maîtrisée, cette technique lui permettrait de s'affranchir de ses notes et de trouver, enfin, cette spontanéité qui lui faisait défaut.

Chirac est d'autant plus enclin à se plier aux artifices dégotés par sa fille qu'il sait qu'elle est à l'affût des dernières évolutions high-tech, en matière de communication. Celle dont il connaît le tropisme américain lui avait déjà dès 1988 soufflé quelques idées. Lors d'un meeting à Paris, on avait vu Bernadette Chirac quitter les travées pour disparaître, discrètement, en coulisse, tandis que son époux s'exprimait à la tribune. Quelques instants plus tard, elle le rejoignait sur la scène, déboulant sous les sunlights, applaudie en « guest-star ». Des numéros inspirés par ceux rodés de longue date par le personnel politique, aux États-Unis. Claude et Jacques Chirac avaient pu les découvrir et mesurer leur impact lors des meetings de Ronald et Nancy Reagan. Quelque temps plus tard, à la fin des années 80, le même

Chirac s'était laissé convaincre par sa fille de suivre quelques « media trainings », à New York, avec George Haynes, l'homme qui avait formé Richard Nixon et Georges Bush Senior. Une bonne partie de la gestuelle de Chirac est née de ces séances de travail fastidieuses où à chaque mot clé correspond une intonation, un regard précis, un geste de la main. L'un des favoris de Chirac ? Ce mouvement qui voit le pouce et l'index former un petit cercle, une figure qui chez lui se veut un point d'exclamation, l'expression même de la concision...

C'est aux États-Unis encore, lors de la première campagne de Bill Clinton, que Claude Chirac avait glané d'autres idées : couleur des décors, forme des tréteaux, choix du lutrin (copié dans ses moindres détails, puis fabriqué en France), positions des caméras, emplacements des éclairages... Cette « clintonisation » du dispositif médiatique de Chirac s'est vérifiée tout au long de l'année 1995. Notamment à travers l'aménagement de son QG de l'avenue d'Iéna, dont les plans furent inspirés de ceux de l'immeuble des Démocrates, à Washington. Pour un peu, Claude Chirac aurait fait sponsoriser la campagne de son père par Mc Donald et Coca Cola et aurait transformé sa mère en pom-pom-girl ! Même chose pour le staff de campagne, dont Claude Chirac avait souhaité le rajeunissement : exit les anciens godillots de la chiraquie ! C'est un quadra, en l'occurrence François Baroin, symbole de la jeune garde de l'UMP, le plus « amerloque » de la bande par le style, qui hérite, à sa demande, du titre de porte-parole. À l'instar d'un candidat à l'américaine soigneusement « marketé », tel un produit de grande consommation, le destin politique de Jacques Chirac se retrouve placé entre les mains d'une cellule de conseillers en communication qui lui assurent une enveloppe cosmétique aux effets garantis. Peu importe la qualité relative du tribun Chirac, puisque l'intelligentsia des experts veille au grain…

La porte s'ouvre. Chacun retient son souffle. Rompu à ce cérémonial quotidien, le président, sanglé dans son costume sombre, devant sa table de travail, accueille ses visiteurs par un sourire et un mot gentil, destinés à rassurer ses interlocuteurs intimidés par la majesté du lieu. À chaque poignée de main, un flash crépite et illumine le… bureau ovale. Ah, ils sont forts ces Américains ! Comme presque chaque matin, durant les cinq dernières années de sa présidence, Bill Clinton s'est soumis avec délectation aux exigences du service photographique de la Maison Blanche, dont les travaux nourrissent l'histoire de ce pays et enjolivent l'image de ses dirigeants. Ce rituel respecté à la lettre permit à des centaines d'Américains de poser aux côtés de leur président et à Bill Clinton de se forger une image. Une pratique tout à fait impensable de ce côté-ci de l'Atlantique et plus encore dans l'esprit d'un Jacques Chirac, dont le bureau, à l'Élysée, à l'instar de tous ses prédécesseurs, reste un sanctuaire protégé que l'on ne pénètre que dûment cornaqué. L'américanophilie de Claude Chirac a ainsi trouvé ses limites. On a bien introduit quelques anglicismes dans la lexicologie du monde de la com', qui en est truffée. On se pousse, aussi, un peu du col en évoquant l'existence, à l'Élysée, d'une pièce baptisée « War room », un lieu supposé névralgique où se réunissent les têtes pensantes, quand sonne le tocsin. Certes, on a importé, puis bricolé, quelques gadgets, pour faire comme aux « States ». Mais personne n'est encore parvenu, jusqu'ici, à convaincre Jacques Chirac d'accepter de porter, lors de ses déplacements en province, des micros-cravates. Ce que fit Bill Clinton, qui révolutionna, comme personne, les relations entre le président, la presse et l'opinion. Mais transposé sur Chirac, qui n'a guère besoin de cela pour se faire piéger, le procédé aurait sans doute fait la joie des bêtisiers de fin d'année, à la télévision… Tout comme l'on imagine mal un président français accepter la présence dans son équipe d'un humoriste spécialiste de l'almanach Vermot, un boute-en-train chargé de lui rédiger quelques bons mots, dans le seul but de détendre l'atmosphère dans les meetings. Ce que fit avec succès, dix années durant, Mark Katz, pour le compte du même président américain.

Ce n'est pourtant pas faute pour Claude Chirac d'avoir tenté de faire aimer les États-Unis à ses parents. Et, plus précisément, l'un de ses principaux États, la Californie qu'elle a sillonnée, aux côtés de sa mère et de son père, à de nombreuses reprises. C'est en 1988 que Claude les emmène pour la première fois à Los Angeles où ils s'installent, en toute discrétion, à l'hôtel Ritz Carlton, un palace classé « Cinq diamants » situé en bordure de l'une des plus belles plages de Californie, sur Laguna Beach. Les dirigeants de cet établissement, sans équivalent par son luxe sur toute la côte Ouest des États-Unis, fréquenté régulièrement par le Gotha de la planète, ont gardé le souvenir d'une famille « sympathique et discrète ». Des clients modèles qui réglèrent rubis sur l'ongle leur note, au tarif coquet de quelque 1 500 euros la nuit... Une somme rondelette pour le maire de Paris, que la presse épinglera, bien plus tard, lors de sa fameuse escapade au Royal Palm de Maurice. Chirac, côté plage, Chirac côté ville. L'un des autres pied-à-terre réguliers du clan reste, encore aujourd'hui, la demeure de Véronique et Gérard Ferry, un couple de restaurateurs français célèbre à Los Angeles et qui possède l'une des plus belles tables de la ville, *L'Orangerie*. C'est là où se presse le Tout-Hollywood, que les Chirac viennent le plus souvent dîner. Ils y disposent de leurs ronds de serviette. Claude va encore chez eux poser ses valises, de temps à autre. L'hiver 2006, Véronique est passée voir Claude, à Paris. Deux copines sur les Champs...

Claude Chirac a ainsi longtemps joué les guides pour ses parents, veillant au moindre détail, comme de coutume. C'est elle qui organise les programmes de sorties, décide des plans de table, dresse la liste des invités et introduit ses parents auprès de quelques personnalités américaines de premier plan. Une famille de touristes comme tant d'autres, qui franchit un jour de printemps 1989, alors que Jacques Chirac est encore maire de Paris, le seuil d'une boutique branchée, située sur Sunset Boulevard : en l'occurrence, l'un des hauts lieux de la lingerie coquine de la ville. Bernadette Chirac y fit quelques achats de dentelles, malgré l'embarras de son époux qui tenta, en vain, de l'en dissuader : « Mais vous n'y pensez pas, Bernadette, imaginez que la douane ouvre nos valises et qu'elle découvre tout cela, rendez-vous compte. Ça risque de jaser ! »

L'image, immuable, est cadrée au millimètre, elle n'a pas bougé d'un pouce depuis l'arrivée de Jacques Chirac à l'Élysée, en 1995. Face à un pupitre translucide, le président se tient debout et tourne le dos à une échappée verte : ces jardins de l'Élysée qui masquent la grande artère des Champs-Élysées où l'on devine les bruits de la ville. Dans le coin gauche de l'écran, deux drapeaux enlacés, l'un tricolore, l'autre européen. Ni cheminée, ni fauteuil Louis XV, ni pendulette, dans le décor, qui pourrait renvoyer au décorum ampoulé d'un quelconque monarque du siècle des Splendeurs. La volonté est de tourner le dos à la scénographie mitterrandienne et de rompre avec le laconisme altier de son prédécesseur. Encouragé par ses conseillers, Jacques Chirac entend chambouler le protocole. Pas question de donner du pouvoir, dans une période où la politique apparaît dévaluée au profit de la société civile, l'image d'un palais où tout ne serait que pompe et dorures. Ainsi il a insisté pour que ses compagnons de combat continuent à le tutoyer. Attentif à fixer l'image d'un chef de l'État chaleureux, en connivence avec l'équipe qui l'entoure, Chirac joue la décontraction face aux caméras. C'est l'époque où Claude Chirac, si peu en phase avec les rites quasi monarchiques qui rythment le quotidien de l'Élysée, conseille à son père de marquer, d'entrée de jeu, sa différence, en bousculant l'étiquette et en réformant les us et coutume en vogue à coups de petits symboles. Faire s'arrêter sa voiture aux feux rouges, par exemple. Banaliser le plus possible ses déplacements dans Paris, comme à l'étranger, en diminuant les délégations, en réduisant la longueur des cortèges. Il a prôné, aussi, une réduction drastique du train de vie de l'État.

Ce dispositif télé, imaginé par Jacques Pilhan et validé par Claude Chirac, avait été installé, en réalité, des années auparavant, sur TF1, par un réalisateur de télévision de talent, Renaud Le Van Kim. Cet homme de télé, connu comme le loup blanc dans la profession, est à l'origine de la création des chaînes LCI et I Télévision. Il en dessina l'ergonomie, comme il l'avait fait quelques années auparavant pour l'émission d'Anne Sinclair, « 7 sur 7 » et plus tard pour d'autres programmes, sur TF1, comme celui de Patrick Poivre d'Arvor, « Ex Libris » ou « 7 à 8 », l'émission alors présentée par Thomas Hugues et Laurence Ferrrari. Chaque fois, le procédé est le même : diffusée en toile fond du studio, une vue animée de Paris, avec ses brumes ou ses couchers de soleil, ses lumières de voitures, et au loin, ses embouteillages. Transposée par Renaud Le Van Kim à l'Élysée, cette astuce, qui a perduré jusqu'à aujourd'hui, avait deux objectifs précis. L'un symbolique : montrer que Jacques Chirac s'adresse aux téléspectateurs en temps réel. L'autre de nature plus sémiologique : convaincre les Français qu'à l'inverse d'un souverain retranché dans son palais le président de la République n'ignore rien des réalités de la société qui l'entoure, un monde avec lequel il reste en prise directe. Un petit détail de mise en scène, longuement mûri à l'Élysée et censé souligner que le citoyen Chirac n'est pas si éloigné de ceux qui l'écoutent. Pour Claude Chirac, il s'agit, plus fondamentalement, de désacraliser la communication du chef de l'État. De « dégaulliser » la fonction présidentielle. Tel est le message. Les Français l'ont-ils pour autant compris, depuis bientôt douze ans ? Y ont-ils été sensibles ? Rien n'est moins sûr.

Toujours est-il que c'est avec un souci du détail inouï que Jacques Pilhan et Claude Chirac vont entièrement réorchestrer la partition médiatique de l'hôte de l'Élysée. Toute l'habilité du tandem va consister à refaire du Chirac... avec le vrai Chirac ! Celui des poignées de main par brassées, sur les marchés et les foires, des caresses de têtes blondes. Pourquoi cet homme, qui parcourt inlassablement la France, depuis plus de quarante ans, à pied, en voiture et en avion, qui s'est construit, au fil des décennies, une telle popularité, en cultivant une vision sensualiste de la politique, en allant physiquement éprouver la chaleur des foules, caressant le bras des uns, malaxant l'épaule des autres, serait-il différent à la télévision ? Dans les réunions de travail qui précèdent un enregistrement et auxquelles participent Claude Chirac et Renaud Le Van Kim, l'on entend, dès 1995, Jacques Chirac réclamer toujours plus de proximité sur les plateaux de télé avec ses interlocuteurs journalistes. À la différence d'un Giscard ou d'un Mitterrand, qui préféraient conserver, au cours des enregistrements, une certaine distance avec leurs intervieweurs, un signe de déférence à l'égard de la fonction présidentielle, Jacques Chirac insiste pour que son fauteuil soit installé au plus près du journaliste qui le questionne. Afin de pouvoir l'approcher plus facilement. Et de laisser penser aux téléspectateurs qu'il pourrait même lui venir à l'idée, si besoin est, de lui attraper le bras ou le coude, dans le but de le convaincre. Comme s'il s'agissait, non pas d'un entretien formel, mais d'une conversation amicale, au coin du feu ou sur le bord d'un zinc. Le « vrai Chirac », comme Claude l'aime. Celui qui se plaît à prendre la France et les Français à témoin. « Cet homme est physique. C'est un corps-machine, utilisé comme un outil et sans ménagement. Il le brandit, taille, fonce, tranche, bouscule avec », écrivait Jean Cau. Or c'est ce corps puissant, que l'on a dépeint comme un « brise-glace » fendant les foules, c'est cette « silhouette d'albatros qui crève l'écran », comme aime l'expliquer Renaud Le Van Kim, massive, avec ses épaules d'armoire à double-battant et ses longues enjambées, qu'ont voulu exploiter, jusqu'à la moelle, Pilhan et consorts.

Claude Chirac, elle-même, ne s'y était pas trompée en « travaillant » sur le physique de son père, dès le milieu des années 80. Costumes taillés sur mesure, dans des textiles nobles, commandés chez les plus grands couturiers de la place de Paris, directeurs photo soigneusement choisis et chargés de restituer le meilleur profil de l'homme… Tout avait été fait pour mettre en avant la silhouette d'un dirigeant politique, devenue objet de communication. Chirac ? Un support publicitaire, comme l'on dirait d'une enseigne lumineuse ou du logo d'une grande entreprise. C'est dans cet état d'esprit qu'il fut décidé, dès les premières apparitions télévisées de Jacques Chirac, en 1995, que celui-ci, contrairement à tous ses prédécesseurs, se tiendrait, non pas assis derrière un bureau Louis XV, mais debout, devant cette chaire en plexiglas, les mains calées de part et d'autre de son pupitre et le buste droit comme un « i » : à l'américaine. Une première dans les annales de la Ve République. À Science-Po, c'était « l'hélicoptère », à cause de ses bras ballants et toujours en mouvement. Dans les années 80, les caricaturistes ne retenaient que son menton « fasciste », pointé vers l'adversaire. Aujourd'hui, accroché à son pupitre et arrimé au prompteur, il semble plus à son avantage. Pour un peu, on lui trouverait même des airs de tribun. L'homme connaît en tout cas la musique et semble maîtriser son domaine, sur le bout des doigts. Le rituel est en outre immuable : une fois terminée sa prestation, Chirac met toujours un point d'honneur à aller saluer, un à un, la vingtaine de techniciens qui s'affairent sous la baguette de sa fille. Laquelle, le portable dans une main et un walkie-talkie dans l'autre, supervise tout. Si Chirac se laisse aller à une pointe d'exaspération, parce que le temps presse, on le voit l'interpeller doucement, après l'avoir cherchée du regard, impatient comme un élève soucieux de démarrer son exercice et de bien faire. Attentif, il l'écoute. Patiemment, il enregistre la moindre de ses consignes et recommandations. Tranquillement installé, tel Poivre d'Arvor à quelques secondes du journal de 20 heures, il attend le feu vert de sa fille pour commencer.

« Merci à tous, c'était parfait » : c'est toujours par ces mots qu'il quitte, ensuite, le plateau pour regagner ses quartiers, à l'étage. Un jour, on l'entendit lancer à Renaud Le Van Kim : « Suivez moi, il faut que je vous montre quelque chose. » Et Chirac d'entraîner le réalisateur dans son bureau. « Alors, j'apprends que vous venez d'avoir un petit garçon. C'est votre deuxième, si je ne me trompe. J'imagine que le nouveau-né est déjà pourri-gâté. Alors j'ai pensé à l'aîné. On oublie toujours les aînés dans ces moments-là… » Et il tendit à l'heureux père un paquet dans lequel Chirac avait glissé la maquette du dernier avion sorti des usines Dassault, que lui avait remise en mains propres, quelques semaines plus tôt, l'homme d'affaires.

Le projet avait été soigneusement planifié à trois mois du premier tour de la présidentielle de 2002. Le cabinet de Jacques Chirac avait eu l'idée de réunir à l'Élysée les éléphants de la chiraquie au grand complet et de jeunes élus de l'UMP. Les mammouths d'un côté, la classe biberon, de l'autre. C'est *Match*, abonné de tout temps aux reportages sur la famille Chirac, qui a été convié. Sitôt alertée, Claude Chirac fait annuler, à la toute dernière minute, la première séance. Pas question de donner de son père l'image d'un président cacochyme entouré d'une génération de vieux grognards. Cet ajournement des festivités lui a valu quelques sarcasmes chez les caciques de l'UMP. Philippe Séguin pour ne citer que lui s'en était donné à cœur joie : « Une équipe de pieds-nickelés qui veut faire du Mitterrand, mais sans le talent... »

Pourtant, en sept ans, il y a eu peu de couacs. Dans cette stratégie du « Tout à l'image », mise en place par Jacques et Claude Chirac, où la place de la photo et de la télévision est jugée capitale, peu de chose a été laissé au hasard. Combien de journalistes de la presse écrite ont ainsi été frappés de voir Claude Chirac, au cours des voyages de son père à l'étranger, converser de longs moments avec photographes et cameramen, quand, dans le même temps, elle ignorait somptueusement chroniqueurs et éditorialistes politiques ? Échaudés par des années de rapports cyclothymiques, refroidis par un mélange de froideur et de désinvolture, consistant à ignorer les uns, à ne pas tendre la main aux autres, bon nombre de journalistes ont préféré garder leurs distances avec Claude.

Et inutile de biaiser avec celle qui épluche tout : pas un édito qu'elle n'ait décortiqué dans les moindres détails, pas un entrefilet qui lui ait échappé. Affable, pourvu que l'on n'ait pas l'ambition de parler politique, laconique, fermée comme une huître, si l'on évoque l'idée saugrenue d'approcher le chef de la tribu, Claude Chirac prend, en revanche, un soin infini à bichonner les hommes de l'image, avec lesquels elle sacrifie sans rechigner à la démocratie médiatique. Il n'y en a guère que pour eux. Combien de fois a-t-on vu ainsi Jacques Chirac, lors de ses déplacements à l'étranger, houspiller les services de sécurité, afin qu'un photographe ou un cadreur puisse faire son travail. Ce ne sont pas les rédacteurs qui auraient droit à un tel traitement... Lors du dernier voyage en Inde de Chirac, en février 2006, des journalistes assistent même au savon de Claude Chirac par un cameraman furieux de ses conditions de travail. Douchée, l'intéressée ne pipa mot. Le poids des images...

Un impitoyable diktat qu'elle subit sans s'insurger. Un vrai garrot médiatique qu'elle s'est pourtant efforcée de desserrer, année après année, en jouant souvent le jeu des agences de photos, tolérées plus qu'à l'accoutumée dans l'intimité des Chirac et ce, notamment, depuis la naissance de Martin, le petit-fils prodige que l'on met volontiers en avant aux côtés du patriarche.

Pour calmer la meute, il a fallu ainsi lâcher du lest, lui donner du grain à moudre. Personne, il est vrai, n'a oublié chez les Chirac les photos de paparazzi, dévastatrices, de l'île Maurice. Plus jamais ça, s'est promis Claude ! Ainsi, dans un geste totalement inattendu à l'adresse des pilleurs de vie privée, Claude Chirac a autorisé l'un d'eux, Abaca, à pénétrer à l'Élysée. Cette agence de photos, réputée pour réaliser l'essentiel de son chiffre d'affaires dans la traque des célébrités à travers le monde, est aujourd'hui l'une des trois agences accréditées au

Château, aux côtés de ses deux respectées voisines : Gamma et l'Agence France Presse. En faisant entrer le loup dans la bergerie, Claude Chirac a-t-elle voulu apprivoiser une corporation, dont elle redoute les clichés ? Ou, plus certainement, a-t-elle souhaité intégrer, très opportunément, dans sa stratégie de communication, cette dimension « people » qui embrasse la société française tout entière, jusqu'à la classe politique ? Un phénomène dont elle a parfaitement saisi l'impact, en lectrice occasionnelle de magazines « people » : *Voici, Gala, Closer, Public* et leurs quinze millions de lecteurs hebdomadaires... On le sait, la France potine, la France cancane et en redemande. Entre photos volées, scoops bidonnés et images négociées, la starisation de nos dirigeants politiques, qui rejoint celle des naufragés du show-biz, progresse à mesure que régressent les débats de fond et que se vident les isoloirs. Tout fait miroir. Ce n'est pas tout à fait un hasard, du coup, si les souvenirs de la fille adoptive, d'origine vietnamienne, de Jacques Chirac – Anh Dao, une « boat people » recueillie en 1979, mais non officiellement adoptée – sortent en librairie, en février 2006, sous le titre *La Fille de cœur*, après que Claude et Jacques Chirac lui ont donné leur feu vert.

C'est une ode à un père « exemplaire » qui surgit comme par miracle, sur les linéaires. Au même moment – autre hasard du calendrier ? –, Bernadette Chirac accorde à un hebdo populaire, *Match*, une interview fleuve. Cet entretien ripoliné et réalisé par le très chiracophile académicien, Jean-Marie Rouart, l'un des fervents défenseurs de la chiraquie dans la presse, est lui aussi un sommet du genre. On n'y apprend rien, sauf que le père de la Nation a toujours un cœur de champion et des ambitions de mousquetaire intactes. C'est l'Opération « Restore Hope »...

Avec ce coup double, on flaire un plan de communication destiné à restaurer l'image d'une famille cramponnée aux derniers oripeaux du pouvoir. On suspecte une mise en scène un brin sirupeuse, supposée accompagner la remontée à la surface d'un vieil homme symbole de l'épuisement d'un système et d'un pouvoir qui s'abîme. On renifle la combine tant il est vrai que cette salve de confidences semble inspirée par le même souci : sauver le soldat Chirac. L'image, toujours l'image...

Que penser dans ce contexte, encore, du show Aubenas ? Lors du rapatriement à Paris de la journaliste de *Libération*, Florence Aubenas, en juin 2005, le Service photographique des armées mit en place sur le tarmac de l'aéroport de Villacoublay, à la demande de l'Élysée et sous la houlette de Claude Chirac, un dispositif télé digne de la montée des marches du festival de Cannes : projecteurs, micros, angles de vue, traces au sol, afin de délimiter l'emplacement précis de Jacques Chirac, au bas de la passerelle de l'avion... Rien ne fut laissé au hasard dans ce qui reste la première tentative de « peoplisation », à des fins de communications politiques, d'un ex-otage. Le retour en France de la journaliste fut conçu comme une opération de marketing politique.

Mais c'est dans les moments difficiles comme pendant la cohabitation que Claude Chirac fait montre de tous ses talents de communicante hors pair.

L'élève a-t-elle rattrapé le maître Pilhan ? Quand en 1997 Lionel Jospin débarque à Matignon, l'entourage du nouveau Premier ministre, dont Manuel Valls, le chargé de communication, met peu de temps pour repérer chez Claude Chirac l'enseignement de son maître, la patte du sorcier. « Fifille » ? Un bulldozer. Une mécanique huilée où rien – de la place d'une caméra à l'ordonnancement d'une conférence de presse – n'est laissé au hasard. Jamais, ainsi, durant les cinq années de la cohabitation, l'équipe de Jospin ne put rivaliser avec la fille du président. Claude Chirac n'eut de cesse de contrecarrer les plans de com' de Matignon. Allumant les contre-feux, projetant son père sur le devant de la scène quand Jospin pointait le bout de son nez, bâtissant, au jour le jour, des stratégies de communication qui tinrent souvent lieu de stratégie politique tout court.

La guerre du Kosovo, en 1999, en fut l'un des exemples les plus criants. Chacune des interventions télévisées du couple de l'exécutif, Chirac-Jospin, fut un modèle du genre. De la taille des pupitres pensée dans le détail, pour qu'il ne soit pas dit, qu'à l'écran, le Premier ministre apparaisse plus grand que le président de la République, au choix et à la couleur des matériaux, en passant par la durée même des interventions de l'un et de l'autre... Rien ne fut négligé. À l'Élysée, c'est elle qui exécute le cahier des charges du président et parfois le lui impose. Elle décline à plus soif, dans les médias, l'image d'un Chirac campé en chef d'état-major, à côté duquel Jospin, relégué au second rôle, semble faire figure d'acteur de série B... Des semaines durant, dans le secret de réunions partagées avec son père et une poignée de conseillers et de diplomates, Claude Chirac s'emploie, en sous-main, à remettre le soldat Chirac en position de ramasser, l'heure venue, les agios d'une crise internationale majeure. Tout en établissant son pouvoir et son autorité avec la gestion médiatique de ce conflit, Claude ne pense qu'à une chose, chaque jour davantage : la reconquête du pouvoir par son père.

« Jacques Chirac est un homme de cœur », c'est l'image que Claude a souvent voulu faire passer de son père, à travers les médias. Pas une catastrophe qui n'ait vu son père se précipiter au secours des blessés, au chevet des victimes. C'est à cette relation avec les Français qu'il s'accroche pour éloigner les méchantes sirènes qui lui prédisent qu'il n'est plus qu'un président vermoulu, qu'un dirigeant politique en sursis, sur le toboggan de l'impopularité. Un mauvais vent que sa fille s'est toujours acharnée à balayer, notamment durant la période de cohabitation. Dans le *mano a mano* Chirac-Jospin, Claude s'employe à « marquer à la culotte » l'équipe du Premier ministre, afin d'annihiler les ambitions de leur poulain. Et de démontrer aux Français, par l'image, que son père dans l'exercice du pouvoir, face à Lionel Jospin, n'est pas un président de pacotille. Que son autorité n'a pas été entamée dans cette confrontation à la tête de l'État.

Ainsi au lendemain des attentats du 11 septembre, l'hôte de l'Élysée s'envole pour New York. Claude avec lui. Touché par l'émotion sincère qui semblait étreindre le président français, le maire de la ville, Rudolph Giuliani, lui a proposé de l'accompagner dans un survol, en hélicoptère, en compagnie du chef des pompiers de Manhattan, des décombres du World Trade Center. Claude s'est empressée d'accepter et de jeter dans l'appareil, outre « son » Chirac, un journaliste de l'AFP et un cameraman de TF1. Un choix millimétré : d'un côté, une agence de presse, dont les photos seraient reprises par les journaux du monde entier. De l'autre, un représentant de la première chaîne française et ses dix millions de téléspectateurs à l'heure du souper. L'audimat a des raisons que la raison élyséenne connaît mieux que personne.

En quelques jours, l'Élysée réussit ainsi l'exploit de placer le président français en pole position sur l'échiquier des dirigeants de la planète : il est le premier chef d'État étranger à venir exprimer à New York « sa solidarité envers le peuple américain ». Claude Chirac connaît cet axiome que Pilhan lui a rabâché : seuls les grands évènements sont en mesure de glorifier la fonction présidentielle. Il **y a** longtemps que Chirac a fait sienne cette formule de François Mitterrand : « Un grand homme, c'est la rencontre entre ce qu'il est et des circonstances exceptionnelles. » Avec le drame du World Trade Center, Jacques Chirac a le sentiment d'embrasser l'Histoire, de retrouver de l'épaisseur. Il se « gaullise » face à un Jospin cantonné dans ses quartiers a Matignon, relégué dans les cuisines et les dépendances du pouvoir.

Jacques à New York, Chirac à Toulouse... C'est dans ce même esprit, qu'au lendemain de l'accident dramatique de l'usine chimique d'AZF, Claude emmène son père à Toulouse où Lionel Jospin lui a grillé la politesse. On voit ainsi Chirac sur les lieux du désastre, au milieu d'un ballet d'officiels et d'une bousculade sans nom, le tout sous les caméras de télé dûment convoquées. Plus tard, en novembre 2003, il entraîne Jean-Pierre Raffarin à Saint-Nazaire, après l'effondrement meurtrier d'une passerelle.

Chaque fois, le message se veut limpide : il ne sera pas dit que le président manifeste moins de compassion pour les victimes toulousaines ou bretonnes, qu'à l'égard des morts américains. Autre lieu, autre scène. En septembre 1996, lors d'un voyage de Jacques Chirac en Pologne, Claude avait eu l'idée de rassembler autour de son père, sur le site du camp d'extermination d'Auschwitz, plusieurs centaines de jeunes lycéens venus de Drancy. L'image, forte, de ces jeunes, encadrant le président français au pied des fours crématoires, avait fait le tour des agences et l'ouverture des JT de TF1 et de France 2.

La stratégie médiatique imposée par Claude Chirac est claire comme de l'eau de roche : plus Jospin patauge dans les difficultés, plus la France s'enfonce dans la crise et le doute, plus il est urgent pour Chirac de prendre du champ, tout en marquant son territoire. C'est ainsi qu'il a choisi de ne s'exprimer que par petite touches, durant toute cette période, et de ne s'autoriser qu'une communication parcimonieuse et ciblée. Cultivant sa singularité, Chirac refait ce qu'il sait faire le mieux au monde, « Du Chirac ». Comme en pilotage automatique, on le voit inaugurer, présider, décorer, recevoir, s'adresser à des corporations, visiter un salon, multiplier les petites phrases, débouler sur le lieu d'une catastrophe, s'entretenir avec les grands de ce monde... Recevant Jacques Chirac, à l'Élysée, Mitterrand lui fit, un jour, cet aveu : « Sachez que, si vous ambitionnez d'occuper ce poste, un jour, il faudra que vous connaissiez la France par tous ses chemins, par toutes ses humeurs. »

Chirac n'a pas attendu François Mitterrand pour s'en convaincre. En plus de quarante ans de carrière, ce marathonien de la politique a épuisé plus d'une dizaine de chauffeurs. En témoignent, aussi, ses agendas, bourrés « jusqu'à la gueule », et balisés par sa fille. Claude lui mitonne des couvertures médiatiques dignes de campagnes électorales. Chaque fois qu'il met un pied dehors, les caméras de télévision sont là pour fixer la scène. Son image traîne ainsi de manière obsédante sur les écrans de télévision. Jusqu'aux Guignols de l'Info, qui en ont fait leur mascotte. En retrait, Claude est omniprésente dans le rôle du maître de ballet, ici et ailleurs.

Elle excelle tout autant dans celui de maîtresse de maison, soucieuse d'éviter les couacs et attentive à ses plans de table. Comme lors de ce réveillon, passé par les Chirac à la *Gazelle d'Or*, l'un des plus beaux hôtels du Maghreb situé au Maroc, près de Taroudant. Une cinquantaine de personnes, venues spécialement de Paris, sont rassemblées dans la palmeraie, quand vient le moment de passer à table. Lorsque Claude Chirac, qui a jeté un œil furtif sur les bristols d'invitation, découvre celui de l'ambassadeur de France au Maroc, que le protocole a placé à côté de son père, son cœur ne fait qu'un bond. Voilà plusieurs mois que le nom de ce proche de Charles Pasqua est cité dans plusieurs affaires embarrassantes. Pas question, pour Claude, que ce dernier s'installe à la table de Chirac, au risque de voir l'un des convives colporter la scène. Ou pire, encore, qu'une photo de cette fâcheuse rencontre déboule dans la presse. Résultat, l'assiette de l'ambassadeur fut discrètement déplacée et c'est Claude Chirac qui se dévoua pour chaperonner le diplomate pestiféré, tenu à distance de son père.

À croire que Chirac, sans sa fille, est capable de se faire jouer comme un novice ! Quand en mai 1996 le président français s'apprête à s'envoler pour Londres pour une visite d'État, il convoque une réunion dans son bureau avec Claude et Jacques Pilhan. Au menu, le programme de ses interventions dans les médias anglais. Pour ses deux conseillers, il n'est pas question qu'il accepte l'invitation des journalistes de la *BBC*. L'anglais de Chirac est trop rudimentaire pour qu'il prenne le risque d'aller s'aventurer dans une émission en direct et se faire piéger. La francophobie légendaire des Anglo-Saxons devrait l'en dissuader. Certes, on a vu Chirac baragouiner quelques mots d'anglais, par le passé, sur les chaînes américaines, avec les stars de *CBS* ou de *ABC*, Larry King et Dan Rather. Mais les journalistes de Washington ou de New York ont la réputation d'être moins retors que leurs homologues londoniens. Message reçu : Chirac évitera la *BBC*.

Chacun des déplacements de Chirac à l'étranger est précédé d'un long travail de repérage. Claude Chirac a ainsi sillonné la planète, en douze ans, afin de verrouiller chaque détail des voyages officiels de son père. Quand elle débarque avec ses équipes à Bamako, au Mali, en novembre 2005, où va se dérouler un sommet franco-africain, elle y est accueillie comme un chef d'État. Visites d'écoles et d'hôpitaux, audience au palais présidentiel, inspection du Palais des congrès et du centre de presse... Chaque étape du programme de la visite de Jacques Chirac est passée au crible. Le marabout en tailleur et lunettes noires du grand sorcier blanc est connu comme le loup blanc dans bon nombre de pays du continent africain. Claude et ses gris-gris y est chez elle. Et si elle a beau promener un physique passe-partout et se faufiler avec discrétion, jamais en avant, toujours en retrait, la jeune femme passe rarement inaperçue.

Ce qui explique l'étonnement de tous lorsqu'elle fit une apparition inattendue lors d'un sommet social européen à Lisbonne, en pleine cohabitation. Amincie, radieuse dans une veste en cuir noir, on l'a vue, fait rare, plaisanter avec les journalistes et passer de groupe en groupe en tentant de glaner, ici et là, quelques tuyaux, alors que Lionel

Jospin, s'apprêtait à remanier son gouvernement. « Mais, alors qu'est-ce qu'il fait Allègre ? C'est vrai qu'il s'en va ? » « Et Voynet, qu'est-ce qui va se passer pour elle ? » « Mais ne me dites pas que Jospin va se séparer de Mosco, avec la présidence française cela paraît insensé ? ». Le soldat Claude allait aux renseignements pour ensuite, comme les missi dominici, faire son rapport, un peu plus tard, quand celui qu'elle observe sur un grand écran, debout au côté du Premier ministre, aura achevé son discours.

Encore une fois, elle a analysé, décortiqué, la scène. Les deux têtes de l'exécutif se font face. Claude a joué les sparring-partners tout au long de la cohabitation, ce match Chirac-Jospin, où tous les coups ont été donnés en coulisse. Ne rien laisser paraître, jamais. Attendre qu'il s'effondre, qu'il s'emmure dans ses certitudes, que Matignon où l'oxygène se raréfie avec le temps finisse par l'étouffer. « Laisse-le aller à la faute », lui disait-elle. Dans cette course de fond, qui voit l'Histoire lui tendre une deuxième fois le témoin présidentiel, Chirac devra être le plus patient, c'est le refrain de Claude. Devant son père, en présence de Dominique de Villepin, elle a souvent dépeint Lionel Jospin comme quelqu'un de mal à l'aise face à « Chirac », comme un homme qui balancerait entre une distance hautaine et cette allégeance au président que lui impose son statut de Premier ministre. À Lisbonne, comme dans la plupart des sommets auxquels elle a assisté, la fille du calife a épié le grand chambellan de Matignon. Elle a traqué ses attitudes, décelé chez lui ce qu'elle pensait être des signes d'une nervosité intérieure. Elle a cru même repérer, sur son front, une marque de transpiration, signe de fatigue ou de tension. Ainsi qu'un geste d'agacement, avec ce pied qui tambourine sur le sol et ce regard en biais, entre autres signes de fébrilité. Elle pouvait presque lire dans ses pensées : « Deux fois, trois fois au moins, on l'a donné pour mort, politiquement. Mais il est toujours là ! »

Les sifflets étaient montés du fin fond des tribunes du Stade de France, ce 18 août 2003, pour se muer en une bronca douloureuse pour Jean-Pierre Raffarin. Le Premier ministre, auquel Jacques Chirac avait demandé de le remplacer, pour la cérémonie d'inauguration des championnats du monde d'athlétisme, avait jugé préférable de battre en retraite en écourtant sa déclaration. Sans doute avait-il songé au sort de Lionel Jospin, crucifié dans ce même stade, le 6 octobre 2001, tandis que *la Marseillaise* était conspuée par une large partie du public, à l'occasion d'un match de football France-Algérie. Forts de ces deux précédents, Claude Chirac et les services de l'Élysée avaient créé une cellule de crise, en vue de la finale de la Coupe de France, PSG-Olympique de Marseille, du 29 avril 2006 que Jacques Chirac devait présider. Consigne stricte avait été donnée de ne pas annoncer au micro l'arrivée discrète, à quelques secondes du coup d'envoi, du chef de l'État dans la tribune présidentielle. C'est tout juste si le speaker du stade avait mentionné la présence de quelques « autorités » dans les travées réservées aux officiels. Et quand Jacques Chirac était descendu pour fouler la pelouse et saluer les joueurs, les images filmées par TF1 n'avaient pas été retransmises sur les deux écrans géants qui bordent le Stade de France, contrairement à la tradition. Ainsi la bronca, tant redoutée, n'eut pas lieu. Objectif atteint.

11.

… et ses petites défaites

« Quel professionnalisme », avait soufflé un jour Jack Lang à Bernadette Chirac venue à Blois pour son opération Pièces Jaunes. Auparavant l'épouse du chef de l'État l'avait longuement félicité pour la qualité de son accueil. « Quel métier », avait ajouté un autre jour, Pierre Moscovici, s'adressant à Claude Chirac, quand, de retour de Russie, le ministre socialiste des Affaires européennes s'était vu proposer par un Jacques Chirac, d'humeur badine, une chemise de rechange. Chirac avait eu vent des propos de Moscovici : cet oubli vestimentaire lui servait, en vérité, d'alibi tout trouvé pour décliner une invitation à l'Ermitage.

Un mot pour les uns, un geste pour les autres, les Chirac savent y faire. Combien d'élus de l'opposition ont été bluffés par ces gestes de prévenance. En voyage, Jacques Chirac se transforme volontiers en secouriste, s'il apprend que l'un des membres de sa délégation est pris d'un léger malaise. Il se fait aussi

165

voiturier, au bas de la passerelle de l'Airbus de la présidence de la République, s'il s'agit de faire raccompagner un élu de gauche qu'il aura invité dans l'un de ses déplacements à l'étranger. Chirac est « sympathique ». La phrase revient dans toutes les bouches de ceux qui l'ont côtoyé lors de ses déplacements. Mais ce sont aussi les mêmes qui se gobergent dès qu'ils le voient déraper au détour par exemple d'une allocution improvisée. C'est le cauchemar de Claude.

Ce fut le cas lors du dernier voyage officiel de Jacques Chirac au Brésil, pendant l'été 2006. Un séjour dont le programme avait été verrouillé au millimètre par Claude qui, comme à l'accoutumée, n'avait rien laissé au hasard. Le couac s'était pourtant produit ! Jacques Chirac avait décidé de réagir, à chaud, au tollé que suscitait, au même moment, en France, sa décision d'amnistier Guy Drut dans l'affaire des emplois fictifs de la Ville de Paris. Épinglé par la presse pour la désinvolture avec laquelle cette décision avait été prise, puis rendue publique, Chirac, bâclant sa réponse, s'est pris les pieds dans le tapis. Tel un gamin sommé de se justifier après un mauvais canular, on vit Chirac se lancer, quelque peu embarrassé, dans la lecture d'un communiqué alambiqué, rédigé à la hâte par un collaborateur peu inspiré. L'effet, à Paris, n'en fut que plus désastreux.

Parmi les exercices à risques que surveille, comme le lait sur le feu, l'entourage de Jacques Chirac, figure la traditionnelle interview du 14 juillet. L'édition 2001 fut un sommet du genre.

Informé qu'il débordait dangereusement sur l'horaire prévu, le président s'était mis à accélérer le rythme. En terminant ainsi sur les chapeaux de roue, il s'était, au passage joyeusement emmêlé dans ses fiches. Résultat : l'un des points clés, si ce n'est le socle même de son discours, un long chapitre sur la sécurité, travaillé la veille d'arrache-pied, fut tout simplement passé à la trappe, sans que l'intéressé y prenne vraiment garde...

Un raté de plus, un raté de moins... C'est dans ces moments-là que Claude Chirac menace de tout plaquer, fatiguée de cet homme qui ne connaît que le sprint, quand la politique réclame des qualités de marathonien. Dans le registre équestre, Alexandre Sanguinetti l'avait caricaturé en officier de cavalerie, rapide au point d'oublier sa monture. Depuis des années, Claude regardait Mitterrand et observait son père : l'un prenait des bains de lenteur, l'autre s'enivrait de vitesse. Elle a aussi étudié Jospin, Hollande, Fabius, Bayrou, Raffarin, Juppé... À l'issue d'une campagne, ils semblent roses, frais et ronds, comme des gamins de retour d'une colonie de vacances. L'antithèse de « Chirac » : chacune de ses batailles électorales l'a vu avaler des milliers de kilomètres, la main ouverte à la cueillette de milliers d'autres mains. Des parcours du combattant, jusqu'à point d'heure, qui ont pour effet de l'épuiser et de le faire maigrir, à chaque fois, d'une bonne huitaine de kilos. Épaules, visage, mains, tout fond chez celui qui s'est donné sans compter pour rafler quelques voix. Claude a dû suivre ! Toujours là, présente dans son sillage, le regard gyroscopique, comme le conducteur d'une voiture balai du Tour de France cycliste à l'affût du coup de pompe de son champion. Quel épuisement...

Elle connaît son client. Elle connaît ses faiblesses. Claude Chirac sait, par exemple, que « Chirac » a eu besoin, de tout temps, de faire des siestes chaque jour. Et qu'un temps de repos lui est nécessaire pour regonfler ses batteries. Elle sait aussi que passé une certaine heure, le soir, le président « n'est plus d'équerre », comme elle dit, et qu'il est temps de « replier les gaules ».

Après cette prestation loupée du 14 juillet, l'homme est à plat. Le rêve profond de son père a toujours été de tutoyer la France, d'être aimé d'elle. Et voilà qu'une nouvelle fois, il la déçoit : « Chirac » n'a pas été bon et les commentaires de la presse, le lendemain, le confirment. C'est dans ces instants-là, qu'envahie par la lassitude, Claude pique des colères sourdes dans le recoin des studios d'enregistrement. Mais ces bouffées de découragement, elle les transforme en volée de bois vert, quand, à l'heure du débriefing, elle s'en va régler la note, en tête à tête. Le chef d'orchestre du verrouillage de la com' élyséenne s'est ainsi souvent arraché les cheveux.

Cent fois sur le métier... De ces années d'apprentissage dans l'arène médiatique, cet univers en trompe l'œil où tout n'est que piège, Jacques Chirac a souvent tiré des conclusions qui sont autant d'erreurs. Si l'homme peut être brillant jusqu'à l'agacement, entêté et pugnace jusqu'à l'aveuglement, il s'est aussi souvent révélé gauche, frivole et léger dans le vocabulaire. Il est sans doute, de tous ses contemporains à l'Élysée, celui qui a le registre le plus étendu dans ce domaine. En janvier 1976, François Mitterrand, à propos de Jacques Chirac, alors Premier ministre, avait décoché cette pique : « Un professionnel du mot nu, un rhéteur de complément direct qui n'a jamais poussé ses études jusqu'au conditionnel. Qui n'est à l'aise que dans la simplicité des fausses évidences. » Un impulsif qui connaît comme peu les mécanismes de la vie politique française. Mais qui est tout le contraire d'un stratège de la com', c'est l'évidence.

Cela crève les yeux pour Jacques Pilhan. L'homme trouve chez Claude Chirac une oreille attentive, quand il lui dit, avec moult circonvolutions, tout le mal qu'il pense de certaines des initiatives de son président de père. Comme lors de ce dîner de novembre 1996. Une soirée organisée par Claude justement, à l'occasion des soixante-quatre ans de Chirac. Autour de la table, une bande de joyeux drilles. Toujours les mêmes : Patrick Sébastien, Johnny Hallyday, Line Renaud... Chirac, comme d'habitude, est aux anges. D'autant qu'entre la poire et le fromage les gauloiseries déboulent, chacun rivalisant d'anecdotes de corps de garde. C'est Patrick Sébastien qui a ouvert le feu. Mais Jacques Chirac, qui n'est jamais en reste dans ce type de registre, prend la parole. Et c'est ainsi que l'on entendit le chef de l'État se lancer dans le récit, anatomique, de son dépucelage dans un bordel d'Alger : « J'avais dix-sept ans et je venais de France, à bord d'un cargo. La fille était une belle plante… » Jacques Chirac raffole de ces concours de gauloiseries. Mais Jacques Pilhan, interloqué, ne les estime pas dignes d'un président de la République en exercice. D'autant que l'anecdote, colportée dès le lendemain par l'un des convives, fit le tour de Paris, pour se retrouver, un beau matin, dans les gazettes !

La communication présidentielle est ainsi un art compliqué, tant Chirac peut se révéler imprévisible. Lors de sa toute première intervention publique, face à la presse, au lendemain de son élection, en 1995, la volonté de Claude Chirac et de Jacques Pilhan avait été d'innover. Objectif : moderniser l'image du nouveau chef de l'État, dépoussiérer la fonction présidentielle en prônant, là aussi, la rupture avec la période socialiste… Tel était le projet d'une équipe décidée à tourner, y compris médiatiquement, la page Mitterrand. Pour cela, il fallait relooker le style des interventions télévisées du chef de l'État. Et refondre, plus globalement, toute la communication élyséenne. Bref, en finir avec la pompe mitterrandienne et son cérémonial empesé, qui n'était pas sans rappeler les grandes messes gaulliennes d'antan.

La forme, d'abord. Elle se devait d'être moins solennelle. Tout avait été revu. Aux lambris et dorures des années Mitterrand, il avait été préféré un dispositif scénique plus à l'américaine là encore. Volonté de rythme, nécessité de donner du nouveau président une image tonique et décontractée. Grâce à l'installation d'un décor moderne aux lignes épurées, cette conférence de presse inaugurale, pour laquelle une armée d'artisans et de techniciens avait été mobilisée, devait marquer un tournant.

Le fond, ensuite. L'ensemble du staff de Chirac avait été sommé de gamberger. « Trouvez-moi une idée », avait lancé Chirac. Objectif, là encore : dénicher le thème qui lesterait, d'entrée de jeu et de manière spectaculaire, les premiers pas du nouveau locataire de l'Élysée. Après moult discussions, Chirac avait fini par trancher : ce serait le feu nucléaire. Quel symbole plus marquant que celui de la bombe ? Quelle meilleure entrée en matière ! Élaborée dans le plus grand des secrets, l'annonce d'une reprise des essais nucléaires aurait, à l'évidence, un impact fort sur l'opinion. Seule ombre au tableau, la mise en musique de l'annonce présidentielle. Chirac, qui se refusait à dévoiler sa décision de but en blanc, avait demandé à Pilhan, à Lech et à sa fille, de lui trouver un journaliste suffisamment complice pour accepter d'amorcer, benoîtement, la question, en évoquant du bout des lèvres l'avenir de la politique nucléaire de la France. Devant le peu d'enthousiasme des quelques journalistes harponnés au téléphone, il avait fallu toute l'insistance du trio pour convaincre finalement, et à l'arraché, l'un des membres du service politique de l'Agence France Presse. Il accepta, sans euphorie, de donner la réplique au chef de l'État.

Cette première expérience eut l'effet d'une douche froide sur l'équipe de communicants du nouveau président. Car si François Mitterrand, « lovelace » de la politique, hanté par son pouvoir de séduction, excellait dans « l'impro », Jacques Chirac ne sait pas charmer les médias ou séduire l'opinion publique. Dans une société du spectacle où tout n'est que théâtre et effets de manche, l'homme n'est pas à son aise. Autre différence de taille, ses rapports avec les journalistes. L'ancien président socialiste avait introduit la « glasnost », recevant sans relâche, dans son bureau, les patrons de presse, abreuvant les journalistes de confidences savamment distillées, alimentant avec gourmandise et jubilation la chronique politique parisienne. Avec Chirac, à l'Élysée, c'est le règne de l'omerta. Fini les flirts avec la presse. Encouragé par sa fille, le président sonne la fin des apartés en « off ». Il passe au tamis, sous l'œil de son cerbère, la liste des quelques rares journalistes habilités à franchir le seuil de son bureau : Catherine Pégard, Franz-Olivier Giesbert, Alain Duhamel, Catherine Nay, Jean-Pierre Elkabbach... La liste est courte. En vérité, les journalistes indiffèrent somptueusement Chirac. L'homme les tient délibérément à distance, quand il ne fait pas mine de les ignorer pendant ses déplacements. Quant à Claude, qui a toujours affiché une aversion théologique pour cette profession – qui trouve toujours du Chirac « à se mettre sous le crayon », peste t-elle –, elle a baissé, depuis belle lurette, le rideau de fer. Il y a longtemps qu'elle ne déjeune plus, sauf urgence, avec les journalistes. C'est au compte-gouttes qu'elle les prend au téléphone. Et si elle accepte d'en voir certains, en dehors de son bureau, c'est non pas pour leur faire quelques confidences, mais pour régler les derniers détails, purement techniques, d'un entretien en préparation. Son carnet d'adresses a commencé à sérieusement s'écrémer depuis quelques mois : elle en raye rageusement quelques noms, en raison, notamment, de leur conversion à Nicolas Sarkozy. D'autres, à ses yeux, l'ont tout simplement trahie. Franz-Olivier Giesbert en fait partie. Elle ne veut plus entendre parler du patron de la rédaction du *Point*, depuis que ce dernier avec son document best-seller, *La Tragédie du président*, a choisi de relater, par le menu, nombre de confidences en « off », qu'il avait pu recueillir tout au long de ces dernières années, lors de ses nombreux tête-à-tête, à l'Élysée, en compagnie de son père. Elle évite aussi d'évoquer ce « brûlot », signé Patrick Rotman, diffusé par France 2, à l'automne 2006. Un portrait de Chirac qui lui a donné la nausée. Elle n'a même pas eu le courage d'appeler les auteurs : vaines parlotes… Et, encore moins, les dirigeants de France Télévisions, une « clique » qui symbolise à ses yeux un système vermoulu, prêt à se vendre au plus offrant.

C'est Bernadette Chirac qui s'en est chargée. L'épouse du président a appelé le PDG de France Télévisions, Patrick de Carolis auquel elle s'était livrée dans un ouvrage d'entretiens, *Conversation*. Un bon souvenir, pourtant. L'échange a été bref et sec. Le chouchou d'hier a été couché sur les tablettes de Madame : black-listé à son tour et pour l'éternité.

Rien par contre qui n'ait véritablement surpris Jacques Chirac. L'homme est bien trop lucide. La défection de Johnny Hallyday, faisant allégeance à Nicolas Sarkozy, en public, lors d'un meeting à Marseille, sous les caméras et les flashs des photographes, ne lui a arraché qu'un vague soupir. Et le passage à l'ennemi de l'un de ses fidèles, le ministre de la Santé, Xavier Bertrand, ne l'a pas moins surpris. Seule Claude s'est lâchée, une nouvelle fois, dénonçant tous ceux qui « vont à la soupe ».

Ce n'est pas un hasard, ainsi, si Jacques Chirac s'en remet, finalement, toujours aux mêmes. Tous ceux qui l'ont suivi depuis ses premiers pas en politique ; tous ceux qui l'ont vu depuis la mort de Georges Pompidou, en avril 1974, se fixer qu'un seul et unique horizon, l'Élysée, connaissent son détachement. À qui d'autres que sa fille, la cheville ouvrière, et son épouse, son premier agent électoral, pourrait-il faire vraiment confiance ? Auprès de qui irait-il s'épancher ? Et en dehors de ce noyau ? Seuls Agathe Sanson, sa fidèle attachée de presse, l'un des rares témoins de tous ces conciliabules restreints, depuis bientôt vingt ans, Maurice Ulrich, le vieux druide dont Chirac sollicite les avis laconiques et Jérôme Monod, le très erratique ancien patron de la Lyonnaise des Eaux, détenteur de tant et tant de secrets, disposent des clés du confessionnal.

Jacques Chirac ? Un perpétuel « agité », raillait Giscard. « Quand les mots lui manquent, il semble brasser de l'air, à l'image des ailes d'un moulin déglingué », assenait de son côté, Mitterrand. L'ancien président aurait sans doute goûté le spectacle de l'enlisement de son challenger, un jour de mai 2005. Claude Chirac organise aux côtés de la

Sofres, un grand débat télévisé, sur France 2, entre le président et les jeunes, alors que démarre la campagne en vue du référendum sur la constitution européenne. L'un des plus beaux carambolages de l'ère Chirac. L'erreur de Claude : avoir laissé l'institut de sondage monter, seul dans son coin, un plateau composé, à la va-vite, d'une cinquantaine de jeunes, à l'évidence peu concernés par l'évènement et sans grande culture politique. Là où François Mitterrand s'était vu opposer à la Sorbonne un panel de plusieurs centaines de jeunes, sélectionnés tels des rats de laboratoires, selon des méthodes dignes d'un casting de télé-réalité, Jacques Chirac fut jeté au beau milieu d'une fosse où un échantillon d'adolescents, constitué de bric et de broc, l'attendait sans l'attendre. Erreur fatale...

Abandonné sans munitions face à un jeune public qui concentre sur lui un feu nourri de questions, aussi absconses qu'hors sujet, Chirac donna vite le fâcheux sentiment de s'enliser. En coulisse, Claude Chirac, qui ne perd pas une miette de cette déconfiture annoncée, est atterrée. Qu'aurait tenté Mitterrand à sa place ? Aurait-il fait patte douce ou essayer de retourner la salle, en jouant de son charme ? À ne considérer que le style, François Mitterrand, quand nécessité lui en a fait loi, a toujours su exceller dans le rôle du magicien endormeur, du virtuose dans l'art de rentrer ses griffes sur un plateau de télé, que dans celui de les utiliser. Acculé, dos au mur, et à l'évidence incapable de retenir l'attention des jeunes qui lui font face, Chirac paraît encalminé. Deux heures plus tard, il est à l'agonie.

En régie, l'ambiance est polaire. Silencieuse, fermée, mutique, Claude fait grise mine : c'est un fossé qui semble séparer son père d'une génération à cent lieues du débat européen qui occupe alors la France. Quand s'achève l'émission, aux alentours de 23 heures, détracteurs et supporters de Chirac en conviennent : c'est un loupé. Pour les bookmakers du microcosme politico-médiatique, le verdict est sans appel, c'est carton rouge pour le chef de l'État ! Et ce ne sont pas les formules apaisantes de quelques courtisans, massés à la sortie du studio de France 2, qui peuvent le rassurer. Malgré la bonne audience de l'émission (7,5 millions de téléspectateurs), personne n'est dupe. Chirac non plus. Dans la voiture qui le ramène à l'Élysée, il lâche, lucide : « C'est un échec, je suis passé à côté. »

Claude aussi. Le revers est d'autant plus cuisant pour la jeune femme, qu'il met en évidence pour la première fois les limites et les failles de la conseillère. Car quand l'incident intervient, elle est seule aux manettes, Jacques Pilhan n'est plus. L'homme, atteint d'un cancer, s'est éteint quelques années plus tôt, le 28 juin 1998. L'ensemble de la famille Chirac, Jacques Chirac en tête, s'est rendue à l'enterrement. Effondrée, Claude entourait l'épouse de l'ancien conseiller, Michèle Pilhan. La perte est d'autant plus douloureuse pour la fille de Jacques Chirac qu'elle s'était profondément attachée à l'homme des médias, tout à la fois son mentor et un ami fidèle. Mais sa disparition est d'autant plus tragique qu'elle oblige l'élève à prendre le fauteuil du maître. Lourd héritage. À elle de camper dans l'œil du cyclone et d'organiser, au pied levé, la défense de la citadelle. La voilà seule à la barre et à terrain découvert. Condamnée à faire du Pilhan... sans Pilhan, aux côtés d'un Chirac qui s'apprête à connaître, avec le référendum sur l'Europe, une défaite de généralissime en rase campagne. L'opération de France 2 n'en est que les prémices. Elle avait pourtant repris les principaux ingrédients de son précepteur, suivi ses recettes à la lettre, revisité sa « bible », dont elle s'était imprégnée, des mois durant. Et patatras... L'alchimie n'a pas pris : il manquait la patte du chef. D'un coup, d'un seul, le mitron Claude Chirac vient de perdre trois étoiles au Guide Michelin de la communication politique. Depuis, elle a décidé tout simplement de changer de tactique et de renouer avec une communication minimaliste. Fini les shows à la Mitterrand, retour au bon vieux prompteur.

Car Jacques Chirac, elle le sait mieux que personne, ne se fabriquera jamais une spontanéité. Tout comme sa fille, l'homme préfère se replier sagement sur une communication « à l'ancienne ». Il en est d'autant plus conscient que l'épisode de France 2 fut un calvaire. Plus jamais, il n'ira se mettre en danger dans ce qu'il considère comme étant des émissions-pièges. Aux grands barnums, Chirac préfère et de loin, les entretiens formatés en compagnie de journalistes triés sur le volet. Il garde un bon souvenir de l'entretien télévisé, que lui avaient mitonné Pilhan et sa fille, avec William Leymergie et Jean-Marie Cavada, : du cousu main. De même qu'il se sent bien plus à son aise avec des hommes de télé ou de radio, comme Patrick Poivre d'Arvor ou Alain Duhamel, tant ses rapports avec les deux journalistes sont en général balisés et sans danger. Alors, pourquoi aller prendre des risques ? Rétrospectivement, il se souvient aussi qu'il avait fait un sans-faute, quand Jacques Pilhan et sa fille l'avaient confronté, sous la baguette de Guillaume Durand, à une batterie d'experts. Il les avait mis dans sa poche. Les quatre journalistes, en l'occurrence, avaient fait consciencieusement leur job : Marine Jacquemin, Alexandre Adler, Michel Field et Emmanuel Chain. C'est un dispositif qui convient merveilleusement à Chirac : dans le rôle du professeur de géopolitique et de sciences sociales, il excelle.

Avec la disparition de Jacques Pilhan s'achève une époque. C'est la fin d'un système médiatique, la mort d'une certaine forme de gadgétisation du discours politique. Si son décès est, à bien des égards, un coup très rude pour Claude Chirac, il signe également la décapitation de toute une équipe. C'est ainsi qu'est limogé Jean-Marc Lech, le patron d'Ipsos, devenu persona non grata à l'Élysée. Un départ exigé par Bernadette Chirac, après que le sondeur s'est allègrement répandu dans Paris sur son compte. L'homme, il est vrai, n'y était pas allé de main morte, expliquant, à qui voulait l'entendre, que « Bernie » ne servait à rien, que « Mamie Nova » et son « look de carte Vermeille » desservaient Chirac. C'est ainsi qu'un matin, le plus proche collaborateur de l'épouse du président de la République, Bernard Niquet, rendit visite à Frédéric de Saint-Sernin, le conseiller de Chirac en charge des questions institutionnelles, à l'Élysée. Et il lui lança : « Tu vas voir ce qui va arriver à ton copain Lech. Madame va parler à Monsieur. » Deux jours plus tard, « Monsieur » avait tranché et Lech était débarqué. Idem pour Pierre Giacometti, écarté, liquidé, à son tour, après que Claude Chirac eut appris que le patron des études politiques d'Ipsos travaillait, depuis peu, pour « l'autre », Nicolas Sarkozy. Seul Jean-Michel Goudart est parvenu à conserver des liens d'amitié avec celle dont il fut le témoin de mariage. Et ce bien qu'il soit allé, lui aussi, « vendre du beurre aux Allemands », en intégrant l'équipe de campagne du patron de l'UMP, qu'il a rejoint, en vue de l'élection présidentielle.

L'influence de Claude a aussi ses limites. Elle doit parfois s'opposer fermement aux fils préférés de Chirac et s'incliner lorsque leurs décisions sont préférées aux siennes, persuadée qu'il s'agit là de fâcheuses erreurs.

« Mission accomplie, monsieur le président. » Ainsi Claude n'en aurait pas dit tout à fait autant, si elle s'était retrouvée à la place de Jean-Louis Debré en ce mois d'août 1996. Elle est sans voix quand elle découvre sur son écran de télévision les images d'une scène dévastatrice. Dans la nuit du 22 août, le ministre de l'Intérieur de l'époque avait ordonné aux CRS, sur instruction d'Alain Juppé, alors Premier ministre, de donner l'assaut contre l'église Saint-Bernard. Sept escadrons de gardes mobiles, soit un millier d'hommes, avaient bouclé le quartier avant d'aller enfoncer les portes de l'édifice où étaient réfugiés, depuis plusieurs semaines, quelque quatre cents personnes, dont des femmes et de nombreux enfants. À 13 heures, les images des CRS défonçant les doubles portes de l'église à la hache et des mères en boubous, jetées sur les trottoirs avec leurs enfants, dans les cris et la fureur, firent l'ouverture des journaux télévisés. À l'Élysée, Bernadette et Claude Chirac, furieuses, ensevelissent Jean-Louis Debré sous un tombereau de critiques. Dans le bureau de « Chirac », qu'elles invitent toutes deux à réagir, c'est la stupeur. Surtout, ne pas faire le dos rond, face à cet événement qui les choque au plus haut point et dont Jacques Chirac, déjà rongé par les sondages, risque de pâtir, disent-elles. Claude enrage et Bernadette peste. Non seulement, l'épisode est médiatiquement calamiteux, mais il est politiquement dévastateur : comment Chirac ira-t-il expliquer à ses amis chefs d'État africains, qu'il a laissé sa police jouer de la matraque sur des familles entières, qui plus est, aux portes d'un édifice religieux ? On ne pouvait décidément rêver pire situation. « C'est du Le Pen, sans Le Pen », explose Claude. Des propos vains, car le mal était fait. Si on l'avait écoutée, il n'y aurait pas eu d'intervention. Si on l'avait consultée, au préalable, elle aurait dit tout le risque politique qu'il y avait à lâcher la meute. La preuve, ces images qui défilent en boucle sur les chaînes de télévision, un spectacle autrement plus ravageur que tous les sondages d'opinion réunis.

Lors du projet d'annonce du quinquennat, une idée à laquelle Jacques Chirac se montrait lui-même réservé, il avait été convenu entre Claude, qui combattait ce projet, et son père, que celui-ci profiterait d'une question d'un journaliste pour confesser qu'il avait, en vérité, changé d'avis. Des jours durant, « fifille » avait travaillé « Chirac » au corps, l'abjurant de revenir en arrière, démontant une à une les pièces d'un meccano politique construit par Dominique de Villepin. « Ce quinquennat est une connerie ! » Pourquoi Chirac, dans l'hypothèse de sa réélection, déciderait-il de se raboter deux années de mandat ? Pourquoi irait-il précipiter les ambitions de ceux qui convoitent sa place, Sarkozy en tête ? Le quinquennat était une invitation à la déloyauté, il ferait le lit de ses adversaires, lui martelait sa fille. Et d'abord de « Nicolas ».

Un argument massue, pense-elle. D'autant qu'elle a vu son père évoluer ces dernières années. Celui qui glissait hier sur les choses et pardonnait les faux pas des uns et les trahisons des autres n'oublie plus rien. Il n'a plus confiance en personne et sa défiance, entretenue quasi quotidiennement par Claude, l'a endurci. Il y a belle lurette qu'il laisse s'exprimer ceux qui font, dans son entourage, à l'Élysée, la chronique de ses relations explosives avec Nicolas Sarkozy, cette boule de culot et d'ambition, dans laquelle il s'est pourtant si longtemps reconnu. Sur l'échelle des exaspérations de Claude et de Jacques Chirac, le ministre de l'Intérieur conserve une belle longueur d'avance. « Car c'est le seul qu'on peut haïr », confia un jour celle qui n'est jamais à court d'arguments vengeurs à l'évocation du « nabot » de la place Beauvau. Quant à Sarkozy, il est de ceux qui pensent qu'en vérité, l'homme n'aime plus personne. À l'exception de sa femme, Bernadette et de sa fille, dont il a fait son premier fer de lance.

Claude Chirac pensait, vraiment, avoir partie gagnée dans cette affaire de quinquennat. À sa grande stupeur, Chirac renonça à faire acte de contrition. Dominique de Villepin était passé par là entre-temps. « Vous renier aurait un effet autrement plus désastreux », lui avait soufflé celui qui, une fois nommé à Matignon, se vanta un jour d'avoir pris le contrôle du cerveau présidentiel. De maîtriser le « cortex » de Chirac. La phrase est restée célèbre. Quand elle parvint un matin aux oreilles de Claude, c'en fut terminé de leur lune de miel. Pourtant Dominique de Villepin était l'un des rares à avoir su l'amadouer. Pour ce faire, le premier sherpa de Chirac avait déployé un talent inouï. Ce bretteur d'aventures, aux allures de cuirassier napoléonien, plaisait à Claude. Pour sa démesure, d'abord. Pour ses capacités à éliminer les rivaux, à nettoyer l'entourage de Chirac de tous ses parasites, à asphyxier les ambitions des courtisans ensuite. Incorrigible Villepin, jamais à court d'une vacherie, de celles qui frappent fort et juste, là où ça fait mal. Claude Chirac avait trouvé en lui son Mazarin, un homme de main capable de déjouer les complots et de dénouer les crises. À cela il faut ajouter une vraie culture, doublée d'une vélocité intellectuelle rare et d'une éloquence certaine, servie par des accents de tribun.

« Abandon, désertion, capitulation », sont des mots que l'homme a bannis depuis longtemps de son lexique. Claude était bluffée. Longtemps, elle a cru ainsi que le succès de Villepin donnerait du lustre à la fin du mandat d'un Jacques Chirac, hanté par le spectre d'une sortie ratée. Souvent, du coup, elle a dédouané Villepin de ses fanfaronnades. Même si quelque chose aussi la chiffonnait : ses propos de matamore, ses regards illuminés. En plus de ce « Tout à l'ego », qu'il conjugue à souhait avec des qualités de joueur de bonneteau : pas vu, pas pris, je t'embrouille ! Une capacité à dramatiser les situations, pour mieux apparaître, ensuite, aux yeux de Chirac, tel Merlin l'Enchanteur, qui règle tout, d'un coup de baguette magique. La crise du CPE, l'effondrement de sa cote de popularité dans les sondages et ses tripatouillages dans l'affaire Clearstream, ont eu vite fait de refroidir les enthousiasmes de Claude D'autant plus que l'incident du quinquennat reste de ceux qu'elle a gravés dans sa mémoire.

12.

Quitter Jacques ?

Partira, partira pas ? Et si, cette fois, elle quittait l'Élysée pour de bon ? Si elle laissait tout tomber, après tant d'années d'un sacrifice, quasi sacerdotal, pour aller s'installer aux États-Unis, ou ailleurs ?

Plusieurs fois Claude Chirac a dû se poser ces questions : après la victoire de 1995, avec le sentiment de service accompli, à la veille de l'élection de 2001, partagée entre la lassitude du pouvoir et une nouvelle victoire à portée de main... et à chaque moment d'abattement, à chaque attaque douloureuse.

Ce départ, elle l'a ainsi fortement envisagé, au lendemain de l'élection de Jacques Chirac, en 1995. Un vœu pieux. Claude Chirac ou l'éternel départ... Elle a juré, une nouvelle fois, pourtant, au lendemain de la réélection de son père, en 2002 qu'on ne l'y reprendrait plus. Cela n'avait que trop duré. Comme si une bouffée d'angoisse et de lassitude l'envahissait, soudain, à l'approche de chaque échéance. Sept années ont passé et elle n'a pas vu son fils grandir. Maintenant qu'elle a mené son père à l'élection et à la réélection, elle pourrait très bien jeter l'éponge et s'éloigner de l'atmosphère confinée de l'Élysée où elle a trop longtemps macéré. À trente-neuf ans, il est sans doute temps de sortir du sillage de ses parents et d'échapper ainsi à ce qui lui pend au nez : l'image d'une « Tanguy » au féminin, arrimée à un cocon familial dont elle ne parvient pas à se décrocher, une image pas très moderne qui commence à lui coller méchamment à la peau.

Claude Chirac en 2001 pourrait passer le relais, puisque les enjeux ne sont plus les mêmes. C'est l'avis de tous ceux qui souhaitent son éviction. Même sa mère ne s'en cache plus, multipliant à l'Élysée les petites phrases excédées à son encontre. « Il n'est pas sain que Claude continue à rester ici, collée à son père, comme une sangsue », dit-elle en levant les yeux au ciel, sans que l'on sache vraiment si, dans son esprit, la présence de sa fille, rue du Faubourg-Saint-Honoré, est plus préjudiciable à Jacques Chirac, qu'à elle-même...

Claude regarde tout cela de bien loin. Elle est en vacances à Los Angeles. C'est l'une des rares fois où elle a décidé de passer l'été loin de sa famille. Elle a fait les boutiques sur Sunset Boulevard, retrouvé Line Renaud et les Ferry, déjeuné avec Christophe Lambert, à qui elle voue toujours une profonde affection. Elle est revenue sur quelques lieux de ses crimes. Elle a traîné sur les plages de Venice Beach. Rattrapée par la réalité parisienne, elle ne se démonte pas. Au contraire, elle confie à Line son envie de replonger dans l'arène. Celle qui n'a jamais donné dans le Calimero, piaillant à l'injustice, quand elle avait à ses trousses une bonne moitié de la chiraquie, veut remonter sur le ring. Les suppliques de ses amis, qui la conjurent d'oublier l'Élysée, lui arrachent une moue excédée. Car celle qui trouve son image de femme à poigne, en accord avec ce qu'elle estime être, n'a pas peur d'en découdre à nouveau. Elle est attendue avec un fusil à Paris ? Et alors ? Elle s'en fiche. À croire même qu'elle se délecte à l'avance d'aller caresser les côtes de ceux qui, dans les allées du pouvoir et à l'UMP, réclament sa tête sur l'air des lampions. Mais avec qui elle est prête à aller à la bagarre.

Et puis, c'est oublier plus simplement l'addiction d'une jeune femme, « shootée » à son paternel. Cette passion pour « Chirac », que Claude a chevillée à l'âme et qui ne s'est jamais démentie au fil des années, bien au contraire. Or ce lien ineffable, qui soude Jacques Chirac à sa conseillère, est autrement plus important qu'il n'y paraît pour ceux qui ont appris à apprécier ses qualités. Son appétit pour la politique est d'autant plus intact qu'il se nourrit des coups portés contre son père, par ses anciens amis, de préférence. Enfin, la compréhension intuitive qu'elle a de Chirac dont elle connaît des pans entiers de la vie, que nul autre devine, en fait tout simplement une pièce maîtresse du dispositif. Claude va de soi. Jean-Pierre Raffarin est de ceux qui en sont intimement convaincus et depuis longtemps. L'ancien Premier ministre, qui a entamé sa vie professionnelle, dans la communication, avant d'embrasser une carrière politique, a souvent résumé à ce seul avis tranché le rôle de Claude Chirac : « Elle connaît parfaitement, et mieux que personne, le produit. »

Ni une, ni deux, elle a donc replongé. Un retour en fanfare cette fois-ci. 2002 ne sera pas 1995 : elle a choisi de figurer officiellement et au grand jour dans l'organigramme du cabinet, avec un titre de conseiller et de faire taire ainsi tous ceux qui s'interrogent sur son statut précis. Elle l'a décidé : ce sera celui de collaboratrice dont les appointements (un peu plus de 4 000 euros) sont alignés sur ceux de n'importe quel autre conseiller du Château. Le bruit s'est répandu, dans l'heure, qu'elle reprenait du service, au grand dam de ceux qui pensaient en être débarrassés. Même les familiers de Chirac ont dû s'y résoudre. « Pacsée » au locataire de l'Élysée, la fille du chef a troqué son contrat à durée déterminée, contre un ticket pour l'éternité. Et gare aux insolents ! Claude Chirac est « cash » ! Ce n'est pas un hasard si le président s'en remet à la seule qui ose lui parler net. « Claude est d'un bloc » : combien de fois a-t-on entendu cette expression dans la bouche de ceux qu'elle aura molestés ? « Tel père, telle mère, telle fille. »

Depuis la victoire de 2002, Claude doit faire face à de vives critiques. Aux premières difficultés de Jacques Chirac dans les sondages, elle est redevenue la cible, une nouvelle fois, la femme à abattre. Ceux qui louaient, hier encore, son extraordinaire capacité à conduire son père au milieu des écueils, l'accusent maintenant de l'avoir maintenu trop longtemps sous cloche et isolé de ses fidèles compagnons de combat. « Manque plus que les sacs de sable et une casemate à l'entrée de son bureau ! » s'amusait le député sarkozyste, Pierre Lellouche. « Opération verrouillage »

D'aucuns, à l'UMP, ont encore en mémoire la déclaration de candidature de Jacques Chirac, en 2001. Devant leurs postes de télévision, pour les plus chanceux, ou pour les quelques rares privilégiés par un coup de téléphone, à quelques minutes de l'annonce faite à Avignon. Seules trois personnes avaient été mises dans la confidence à l'époque : Dominique de Villepin, Jérôme Monod et Claude Chirac.

Depuis, il ne se passe pas une semaine sans que l'un des maréchaux du parti gaulliste rue dans les brancards. Des propos tenus le plus souvent à mots couverts, mais qui déboulent sur la table, au grand jour, à l'été 2005, en pleine tornade européenne. Le cinglant échec au référendum et le discrédit dont est victime alors Chirac ont délié les langues. « J'en ai marre de cette monarchie socialisante avec Claude aux manettes et un Premier ministre aux ordres », explose à l'époque Pierre Méhaignerie.

Les erreurs de communication du président de la République sont alors directement imputées à sa fille cadette, qui déchaîne contre elle une partie des parlementaires de la majorité. Si cela ne tenait qu'au président UMP de la Commission des finances, à l'Assemblée nationale, « fifille », à qui l'on reproche de ne tenir compte que de ses amitiés à gauche, aurait depuis longtemps déguerpi. Et d'égrener dans la foulée les gestes de mépris qu'elle manifeste à l'égard des députés et des sénateurs de l'UMP. Sans compter ces nouveaux accents d'un Jacques Chirac stigmatisant le libéralisme et brocardant le Medef ! Mais où est-il allé pêcher tout cela ? Ils ne peuvent lui avoir été inspirés que par son Deus ex Machina en jupons ! Voilà le refrain que l'on entend dans les couloirs de l'Assemblée et du Sénat. Claude Chirac a beau faire la sourde oreille face aux attaques, se voir dénigrer sans cesse, une quelconque expérience en matière de communication la met en rage. Ses amitiés à gauche et alors ! N'est-ce pas un peu grâce à elles que Chirac a enfourché le thème de la fracture sociale, en 1995 ? Un choix gagnant, non ? N'est-ce pas elle aussi qui lui a martelé que les jeunes, dont elle dit connaître mieux que quiconque à l'Élysée les aspirations, seraient une force d'appoint déterminante pour le second tour de la présidentielle. Ne fut-elle pas, encore, l'une des rares (avec Jacques Pilhan) à avoir osé contrer Chirac à propos de la dissolution, une idée qu'elle a combattue pied à pied dans le bureau de son père, l'estimant, avant tout le monde, stupide et périlleuse ? Et si, pour finir, durant la campagne de 2002, Jacques Chirac a été si mordant, adoptant une posture frontale face à Le Pen, c'est parce qu'elle avait tout simplement dopé son père à l'énergie positive, défendant longuement, auprès de lui, une ligne dure : « Pas de compromis avec l'extrême droite ! » Chirac terrassant le dragon… C'est dans ce combat face à Le Pen qu'il se forgerait une nouvelle stature. C'est par là qu'il reconquerrait une partie des jeunes.

Face à ces critiques, Claude Chirac a plus d'une corde à son arc.

L'été 2006 fut une nouvelle fois l'occasion d'en juger. En plein mois d'août, alors que le conflit israélo-libanais prend une tournure préoccupante pour la communauté internationale, Claude Chirac décide d'entrouvrir les coulisses, en vue d'un reportage photo promis au magazine *Match*. Une équipe de reporters est dépêchée au Fort de Brégançon, où Jacques Chirac séjourne le temps de quelques jours de vacances. Une semaine plus tard, les lecteurs du magazine découvrent, en pleine page, un Chirac affairé, téléphonant et parcourant ses notes, debout dans son bureau. Bronzé et détendu, le président se veut en forme. Dans la pièce, semble régner une atmosphère de solennité et de travail. Pour l'Élysée et Claude Chirac, le message est clair : bien qu'à plusieurs milliers de kilomètres des évènements, Jacques Chirac, campé sous les objectifs en chef d'état-major, n'en est pas moins aux avant-postes. À soixante-treize ans passés, le chef de l'État a toujours bon pied, bon œil.

Autre exemple d'une politique de com gérée de main de maître : le discours fleuve, prononcé quelques semaines plus tard, lors de l'inauguration du Musée des Arts premiers. Un texte salué par la classe politique et les milieux culturels, sur lequel Jacques Chirac et ses scribes passèrent de nombreuses heures de relecture, pesant et repesant chaque mot. Toujours ce même goût du détail, ce même souci du perfectionnement, que partage Bernadette Chirac, qui a pour réputation de préparer, avec une extrême minutie, chacun de ses passages sur les plateaux de PPDA ou de Michel Drucker. À l'instar de son époux, qui ne s'approche pas d'un éleveur de Charolais, au salon de l'Agriculture, sans qu'on l'ait informé, au préalable, de la situation économique de l'exploitation de ce dernier...

Pour Claude Chirac, surtout rien n'est joué. Il suffit de regarder ces sondages si fluctuants, ces victoires si surprenantes et ces journalistes versatiles.

Ainsi le soir venu, Claude branche la télé à 19h55. Et elle regarde, parfois en famille, ces sketches qui prennent l'allure, au fil des semaines, d'une véritable cure de jouvence médiatique pour Jacques Chirac. Nicolas Sarkozy ne peut pas en dire autant. Il subit un traitement radicalement inverse : ce programme prend un malin plaisir à crucifier le ministre de l'Intérieur. Il est devenu une cible de choix pour les marionnettistes qui s'affichent tout à la fois « chiraquophiles » et « sarkophobes ». Depuis le mois de septembre 2006, leurs salves au vitriol ont eu pour effet de rendre fou de rage le locataire de la place Beauvau. Inquiets des dommages d'un programme si populaire, certains des conseillers du ministre ont tiré la sonnette d'alarme. Tandis que sur le trottoir d'en face, à l'Élysée, d'autres se frottent les mains... Jacques Chirac, à qui l'on a rapporté l'anecdote, s'en est même amusé, un brin vachard : « Pour une fois, que ce n'est pas moi qui trinque et que c'est lui qui déguste », a-t-il confié à Jean-Louis Debré, un soir, autour d'un verre. Quant à Claude, elle jubile. À la fin du mois d'octobre dernier, les Renseignements généraux ont même tenu à alerter, à ce sujet, le cabinet de Nicolas Sarkozy, pointant du doigt le caractère dangereusement répétitif de ces charges. À l'inverse de Chirac, « chouchouté » en son temps, par les persifleurs de *Canal,* Sarkozy ne risque-t-il pas de devenir une tête de turc ? de se retrouver dans la peau d'un ministre plombé par la satire ? La question fut sérieusement soulevée. Et pas seulement par les RG. D'autant que chaque jour qui passe voit PPD rappeler aux quatre millions de téléspectateurs de la chaîne cryptée, qu'il ne leur reste que 150, 149, 148... jours pour aller s'inscrire sur les listes électorales et se « payer Sarko ». Claude Chirac l'a fort bien compris. Celle à qui rien de tout cela n'a échappé et que peu de chose déride, dès lors qu'il s'agit de politique, a passé ainsi une partie de l'automne 2006 à se régaler au coin de l'âtre cathodique : le spectacle d'un Sarkozy passé au laminoir l'a ravie et lui permet de tout espérer pour elle et les siens. Jacques Pilhan aurait sans doute lui aussi goûté le spectacle.

13.

Les espoirs fous du clan Chirac

La photo montre un jeune garçon de dix ans pointant son index vers un homme au regard attentionné, penché sur lui. Affectueusement, il le tient par l'épaule, dans les jardins de l'Élysée. Et il le regarde, attentif à ces rêves d'enfant dessinés à grand renfort de gestes. Jacques et Martin Chirac : un grand-père et son petit-fils, plongés tous deux dans une conversation animée, l'espace de quelques instants volés à l'emploi du temps surchargé du locataire des lieux.

C'était le 12 novembre 2006, un photographe, convoqué à cet effet, n'avait rien perdu de ce charmant tête-à-tête. « Le petit garçon est le seul à pouvoir détourner le chef de l'État du programme studieux de ses dimanches. Le temps d'une promenade entre hommes… », soulignait *Match*, qui avait décidé de publier, à l'occasion de son 3 000ᵉ numéro, un nouveau reportage sur le président. Au fil des pages, textes et photos dépeignent un Chirac ressuscité, inoxydable, plus fringant que jamais malgré l'âge, au four et au moulin, travaillant sans répit... Tout l'inverse du climat crépusculaire dépeint, à longueur de colonnes, depuis des mois par les journalistes politiques, ces oiseaux de mauvais augure conspués par Chirac, « mes fossoyeurs », souffla-t-il, un jour, excédé, une fois de plus, à la lecture du *Monde*, dont la tête du directeur, Jean-Marie Colombani, a été demandée par l'Élysée tant de fois, depuis vingt ans. *Match* a bien fait les choses : le chef de l'État n'est pas cette caricature de suzerain, enfermé dans une coterie, cet homme rongé par les déchirements au sein de son camp, enlisé dans les sables mouvants d'une retraite inévitable, mais au contraire un dirigeant frais comme un gardon : prêt à en découdre. Voilà ce qu'il faut lire, cette semaine-là, entre les lignes de ce publi-reportage, que Claude Chirac juge « Très, très bien ».

« L'art d'être grand-père »... Lors du week-end de Pâques, en mai 2000, Claude et Jacques Chirac avaient déjà accepté pour ce même magazine, alors que l'enfant venait d'avoir tout juste sept ans, une série de photos conçue sur le même canevas : l'un de ces nombreux reportages, rarement improvisés, sur « l'intimité des Chirac » dont le président et sa fille ont le secret. Celui-ci avait, cette fois-ci, pour décor, la plage du Fort de Brégançon. Un tête-à-tête, « au sommet de la tendresse », selon l'hebdomadaire. Jacques Chirac et son jeune héritier longent tranquillement le bord de mer. Chaussé des mêmes baskets que son petit-fils, le président est habillé d'un ensemble sportswear : chandail torsadé et pantalon marin, de quoi effacer une série de clichés de triste mémoire, qui avait valu à Chirac, à l'été 1996, de vives critiques dans la presse de son look jugé ringard : son short, ses mocassins et ses socquettes de ville, sur cette même plage, avaient fait se gausser le Tout-Paris des médias et de la politique...

Cette fois-ci, le vieil homme et l'enfant ont été pris en photo par un reporter de l'agence Sipa, accrédité à l'Élysée, Éric Hadj. Cela fait quarante-huit heures que ce dernier campe, avec une vingtaine de ses confrères, entre le bord de mer et l'église de Bormes-les-Mimosas, où les Chirac sacrifient à la traditionnelle messe dominicale. Et c'est en fin d'après-midi que, s'approchant de Jacques Chirac, alors en compagnie de son petit-fils, le photographe obtient du chef de l'État l'autorisation de faire quelques clichés, à la condition que Martin ne soit pas photographié de face. Il est 19 h 30, la nuit tombe sur le Fort de Brégançon et le journaliste « shoote », un quart d'heure durant, le président et son petit compagnon. Une centaine de clichés sont pris. Huit jours plus tard, une partie d'entre eux sont publiés dans *Match*. Non sans que cette publication provoque un incident avec l'Élysée. Claude Chirac, qui, par précaution, avait exigé du magazine, qu'aucune des photos de son fils, même prise de trois quarts, ne soit imprimée, découvre dans la série retenue quelques photos où Martin n'est pas entièrement de dos. La tentation de passer outre les recommandations de Claude Chirac et de dévoiler une infime partie de l'identité du jeune héritier a été trop forte pour les dirigeants du magazine. Ils ont décidé de prendre le risque de violer un accord, négocié de longue date, entre les parents de Martin et la presse.

En effet à la naissance de leur fils, Claude Chirac et Thierry Rey avaient adressé à l'ensemble des dirigeants de la presse magazine française une lettre dans laquelle ils leur demandaient de ne jamais publier de photos où le nouveau-né puisse être reconnaissable, au risque de mettre sa sécurité en danger. Une règle respectée par l'ensemble des journaux à ce jour.

Bienvenue à l'Élysée ! Jamais les portes du Château se sont entrouvertes à ce point. Depuis un an, le bureau de Chirac n'est plus ce bunker infranchissable. Hier difficilement accessibles, les conseillers du prince jouent volontiers les VRP avec les journalistes, qui ont retrouvé le chemin de la rue du Faubourg-Saint-Honoré. Comme aux plus belles années de la mitterrandie, l'Élysée devient un lieu de rencontres et d'échanges. Le dogme de la « rareté » médiatique, défendue par Jacques Pilhan et endossé par Claude Chirac, a du plomb dans l'aile, en cette fin d'année 2006. Même Bernadette Chirac s'est mise de la partie. On l'a vue remonter au créneau, pour aller défendre « le bilan du président », distillant à l'envi, ici et là, confidences et interviews. Comme dans un remake de 2002, l'épouse ré-endosse son uniforme de premier voltigeur, elle est redevenue un élément clé du dispositif de com de l'Élysée, une pièce de poids dans la stratégie de marketing politique du clan. Comment faire du neuf avec du vieux...

Dans la famille Chirac, je voudrais le petit-fils... Étrange paradoxe que celui de Claude, que l'on voit accepter désormais de se servir de l'image de son fils, si longtemps protégée des médias. Comme si l'impérieuse nécessité de sauver le soldat Chirac, face à tous ceux qui veulent l'enterrer vivant, devait se faire au prix de toutes les concessions, de tous les sacrifices, même les plus intimes. Avec l'âge, Martin devient un acteur à part entière du théâtre chiraquien.

Tour ça pour prouver quoi ? Que Jacques Chirac n'est pas mort. Que malgré ces sondages en berne, qui devraient décourager les plus fous, Chirac-le-Sphynx est capable d'envisager, crânement, un troisième mandat, d'aller de nouveau à la confrontation. Quitte même, dans ce va-tout insensé, à prendre le risque que ce combat ne devienne celui de trop. D'où sa petite phrase, prononcée dans *Le Figaro*, le 31 octobre 2006, à propos de l'échéance présidentielle : « Tout est possible... » Rien ne sera négligé, dans les semaines et les mois qui viennent, pour mettre Chirac en situation, au cas où...

En fait, depuis six mois, on a vu Chirac sur tous les fronts. Du Liban à l'Onu, de la Chine à l'Arménie. « Le président semble monté comme sur un ressort », confient ceux qui l'ont approché. Dans cette opération de survie politique, où tout n'est plus que communication et mise en scène, Jacques, Bernadette et Claude Chirac ont jeté toutes leurs forces. Et il n'est pas dit que Martin ne participe pas à ı'effort de guerre ! D'ailleurs « grand-père » a tout fait pour démontrer à son petit-fils qu'il n'était pas encore complètement « cuit ». Qu'il fait toujours, malgré ses soixante-quatorze ans, un grand-père de bien belle allure. Un vieillard « dans le coup », capable de sortir de sa manche quelques sortilèges, comme ce Harry Potter, ce héros dont Martin lui rabâche les oreilles. Et que contrairement aux vilenies que pourrait entendre ce gamin à la sortie de l'école, dans la bouche de parents indélicats, « grand-papa » n'est pas encore un « has been », un naufragé de la vie politique.

D'ailleurs, un Chirac ne doit jamais se résoudre à la défaite. Ce qui valait pour Claude, il y a plus de vingt ans, vaut pour Martin, aujourd'hui. Que ce soit dans les allées en gravier des jardins de l'Élysée ou au gril du *Benke*, ce restaurant japonais où l'on croise souvent les Chirac en famille, le dimanche soir, le patriarche s'emploie à enseigner à son petit-fils quelques-uns des principes qu'il a transmis de longue date à sa fille cadette. On les connaît : tenir toujours. Ne jamais lâcher prise, quelles que soient les vicissitudes du moment. Ne pas se plaindre ou s'apitoyer. Faire toujours bonne figure en public. Se tenir droit, ne jamais courber le dos ou montrer un signe de faiblesse, au risque d'exciter la meute et de déclencher l'hallali chez ceux qui, en politique ou ailleurs, vous font la chasse. « Dans la vie, Martin, il y a toujours manière et manière d'affronter une difficulté », lui a-t-il dit, un jour, lors d'une de leurs promenades au parc Monceau, proche de l'Élysée. « En tous les cas, il faut que tu te montres fort et digne, comme ta grand-mère. D'ailleurs, pourquoi as-tu abandonné le judo cette année, c'est dommage, c'est un sport formidable. Qui permet de déstabiliser l'adversaire, même s'il est plus fort ou plus lourd que toi. » Comme en politique… On a vu ainsi Chirac, dans le cercle familial, prodiguer au jeune enfant quelques-uns des préceptes qu'il s'est forgés lui-même, depuis plus de quarante ans. Ce n'est pas seulement par principe qu'il assène ses conseils, c'est aussi parce qu'il fulmine contre lui-même. Ah, s'il pouvait trouver au fond de lui cette force qui lui manque pour affronter son dernier combat ! Au-delà de la défense de son bilan, de ce travail mémoriel qu'il a entamé – de la Pologne des camps d'extermination à l'Arménie du génocide – et de sa volonté de se sculpter une stature pour l'Histoire, Chirac songe à la décision qu'il va devoir prendre et qui le taraude. Et s'il renonce pour finir, ce sera faute de troupes et d'énergie. Mais il fera tout pour entretenir le suspense, jusqu'au bout. Tenir : une règle d'or en politique.

Chaque mercredi le voit ainsi s'attacher à démontrer, en Conseil des ministres, qu'il est toujours là, et bien là. Que l'Élysée n'est pas le palais au bois dormant qu'on veut bien dire et son locataire, un président ectoplasmique. On l'a vu au mois de décembre 2006, lors de ces séances traditionnelles, alors que l'on faisait de l'Élysée le portrait d'une citadelle immobile, cueillir à froid certains membres du gouvernement remis à l'établi après avoir été rappelés à l'ordre par le maître : copie trop faible ! On l'a entendu intervenir bruyamment, dans le courant du mois de novembre 2006, pour se féliciter que l'on parle, « enfin », des bons chiffres du chômage à la télévision et dans les journaux, « Il était temps... » On l'a aperçu, aussi, interpeller l'un de ses ministres, Philippe Douste-Blazy, peu avant l'un de ces conseils, et lui lancer, en lui prenant le bras : « Il faut absolument que je vous parle du Liban, passez me voir dans mon bureau, dès aujourd'hui. » S'il se dit volontiers, dans le microcosme, que Jacques Chirac est amorti, que le président est « aux taquets » – le mot est de Nicolas Sarkozy – que, décroché par les sondages, il va finir par dévisser salement, la réalité est tout autre, à entendre ceux qui l'entourent, à quelques jours de Noël. Chirac n'arrête pas.

Dès 7 h 30, il déboule dans son bureau, avale un café et houspille ses collaborateurs lève-tôt, comme lui, dont il pousse les portes à tout bout de champ et qu'il assomme de consignes. À 8 heures, il a déjà passé une volée de coups de téléphone, il a déjà signé quelques-unes des notes qui encombrent les parapheurs, qu'il annote d'un commentaire au feutre rouge. Ses thuriféraires ont fait le compte : en onze ans et demi, leur champion en aurait signé plus de quarante mille... Seul maître à bord après lui, le secrétaire général, Frédéric Salat-Baroux, qui a remplacé Dominique de Villepin à ce poste, salue « la puissance de travail » de celui avec lequel il a passé des heures à travailler, à l'automne, sur le projet de cohésion sociale, obsédé à l'idée de parvenir à faire passer le chômage, d'ici à la fin du quinquennat, en dessous de la barre des 8 %. Comme s'il s'agissait d'un objectif à atteindre, en vue d'une prochaine campagne... Comme si Jacques Chirac avait pour lui l'éternité. Avec Claude Chirac,

Frédéric Salat-Baroux est de ceux qui, dans le dernier carré des fidèles, à l'Élysée, s'emploie à baliser la fin de mandat d'un dirigeant politique, « dont il serait faux d'imaginer qu'il a tiré un trait sur une nouvelle candidature », a expliqué Jean-Louis Debré à des parlementaires de l'UMP, au sortir d'un tête-à-tête avec Chirac, qu'il avait trouvé « flambard ».

« Jacques Chirac, comme Charles de Gaulle, aura sa station de métro ou son aéroport » : ce propos cruel de Patrick Devedjian, parmi tant d'autres, sonne comme une épitaphe aux oreilles de l'intéressé que son propre camp s'emploie à ostraciser. Chaque jour qui passe l'expose d'avantage. Exaspérées par ces coups de boutoir, Claude et Bernadette Chirac s'échinent en coulisse à déminer le terrain chaque jour. Les deux femmes semblent s'être passé le mot, quand elles accréditent dans les déjeuners en ville ou au détour d'une rencontre avec un fidèle de Chirac – sans ambages pour l'une, de manière bien plus subliminale chez l'autre – l'idée d'une nouvelle candidature. Pour Bernadette, parce que son homme n'a pas démérité : « Vous avez vu comme il est en forme », confiait-elle au *Nouvel Observateur*, en novembre 2006, « Mon mari n'est pas gâteux… Quand je lis ce que je lis parfois, c'est honteux ». Pour Claude, parce que la solution Sarkozy, ce scénario abhorré, serait tout simplement dangereuse pour la France.

Et puis, il y a le spectre de l'après. Que l'on ose à peine évoquer chez les Chirac, comme s'il s'agissait d'une maladie honteuse. Bernadette, tout comme sa fille cadette, s'inquiète de ce phénomène de dépressurisation qui fait des ravages chez les « ex ». Une forme de dépression qui touche immanquablement la plupart de ceux qui ont dû quitter l'Élysée ou Matignon, après des années passées, sous les dorures des palais nationaux. Le réveil d'un somnambule est toujours un moment délicat. Qu'en sera-t-il de celui de Jacques ? Elles devinent déjà l'immensité du désert qu'il lui faudra – qu'il leur faudra, à elles aussi – traverser, avant que « Chirac », et les siens, ne trouvent le chemin de la sérénité : celui de la « plénitude harmonieuse », pour reprendre une citation de Confucius, largement utilisée par Jacques Chirac, lors de son dernier voyage en Chine. Elles ont bien vu ce qu'il était advenu du très solide Alain, du bulldozer Juppé. Sa bonne étoile a sombré, emportée par les affaires. Aujourd'hui, il a beau faire bonne figure, cette « césure » brutale dans sa vie politique – un terme qu'employa l'ancien Premier ministre, au lendemain de son procès dans les affaires de la Ville de Paris –, et qu'il tente de recoudre à Bordeaux, l'a transformé : l'homme, qui avait inscrit son destin au firmament du paysage politique français, n'est plus que l'ombre de lui-même, un pantin cassé. N'est pas Giscard qui veut, que protègent de la déprime un contentement de soi, une vanité, sans bornes. À soixante-quatorze ans, Jacques Chirac ne risque t-il pas le pire ? C'est la seule hantise de Bernadette, qui ne s'en est pas cachée dans ce même entretien accordé au *Nouvel Observateur* : « Ce sera difficile dans un premier temps. Vous savez, quand on aime la chose publique, quand on aime gouverner... »

C'est le temps qui maintenant manque. Bernadette, comme Claude Chirac, pose sur les journées qui passent des regards voilés d'anxiété. Elles sont atterrées à l'avance par le spectre de cette solitude abyssale dans laquelle « Chirac » risque de s'enfermer, sitôt qu'il aura quitté le pouvoir. Pour entretenir un personnage du type « Tonton », il aurait fallu bien plus que quelques mois. Et ce ne sont pas les reportages photos publiés dans *Match* avec Martin qui forgeront, en quelques semaines, à Jacques Chirac, une image restaurée, celle d'un patriarche rassurant prenant par la main un pays, dont un citoyen sur deux, selon un sondage, publié en décembre dernier, redoute de devenir SDF. Comment fera-t-il quand le téléphone ne sonnera plus, que le ballet des parapheurs aura cessé et que le cercle des fidèles se résumera au cercle familial ? Le connaissant, il ira même jusqu'à regretter les heures noires du passé. Quand, emporté dans la folie des Atrides, ses amis lui sciaient la branche, quand chaque jour était une guerre de tranchée. Il en viendra à regretter les coups fourrés à répétition de Sarkozy, la folie de Villepin... Le bon temps, se plaît à regretter, avant l'heure, Bernadette Chirac, les jours de déprime. Plutôt s'épuiser à la tâche, essuyer tous les coups, que s'ennuyer à crever, en chiens de faïence, devant la télé : deux serre-livres sur le canapé pour le restant de nos jours...

D'autant qu'avec cette retraite qui se profile, revient à la surface, telle une lame de fond, le spectre des affaires. Elles ont émaillé la vie des Chirac. Elles ont secoué la vie d'un clan tout entier. Et elles risquent d'empoisonner l'avenir d'une famille de retraités. Claude Chirac garde, ainsi, de « l'affaire des billets d'avion », qui la secoua, en 2001, le pire des souvenirs. En 1993, alors qu'il était maire de Paris, Jacques Chirac décide de passer le week-end du 14 juillet avec sa fille aux États-Unis. Le futur président de la République s'adresse à l'agence Gondard Voyages, située à Neuilly, où il a pris l'habitude d'organiser ses séjours, de longue date. Le 12 juillet, l'agence émet trois billets aller-retour pour New York, en Concorde, aux noms de Jacques Chirac, de Claude Chirac et de Michel Morin, le garde du corps attitré du maire. Coût du billet à l'unité : 31 027 francs. Montant total de la facture : 120 000 francs. C'est un fonctionnaire de la ville qui va retirer les billets à l'agence et, chose inhabituelle, il règle la somme en espèces. La facture de l'époque porte d'ailleurs la mention « cash ». Entendu par les juges d'instruction, après que le lièvre eut été levé, au terme d'une dénonciation, le voyagiste ne peut que confirmer l'existence de nombreux autres billets d'avion réservés par Jacques Chirac. Au total, pour 2 429 304 francs. Destinations : États-Unis, Japon, île Maurice, Syrie, Salzbourg... Les bénéficiaires sont tous des proches du chef de l'État. Outre lui-même, on trouve son épouse, la mère de celle-ci, sa fille Claude, qui voyage alors sous le nom de son époux décédé, Habert, et son compagnon d'alors. D'autres noms apparaissent aussi sur les listings, comme ceux de Claude Pompidou, l'épouse de l'ancien président de la République, ou du sénateur Maurice Ulrich. Chaque fois, les factures sont réglées en espèces, la plupart du temps par un chauffeur de l'Hôtel de Ville, qui remet l'argent sous la forme de billets de 500 francs dans des enveloppes kraft.

Que des proches du président de la République, et pas n'importe lesquels, soient visés par les juges modifie la donne. Car cette fois-ci, ce n'est pas la personne du président, ni son camp, qui sont la cible, mais le clan Chirac. Ce ne sont pas les affaires de la Ville de Paris – caisses noires, emplois fictifs, office HLM –, qui plombaient déjà le climat à cette époque, mais plus grave, une affaire qui touche au cœur du dispositif, à la famille. En mettant en cause Bernadette et Claude Chirac, l'affaire des billets frappe au cœur du système. Que la fille du chef de l'État soit convoquée par un juge, et peut-être même son épouse, respectée et populaire, trouvera un écho salvateur inverse dans l'opinion ? C'est le calcul de l'Élysée. Chirac table sur le sentiment d'écœurement que pourrait inspirer aux Français cette « traque » judiciaire sans fin. Il n'en fut rien. Jusqu'au jour où l'opinion, versatile et changeante, passa un coup d'éponge : les Français en ont déjà tant vu, tant entendu sur lui... Même les collaborateurs historiques ont appris à fermer les yeux. Encore aujourd'hui, à l'Élysée, sur les dossiers sensibles, il y a ceux qui savent et ceux qui sont laissés dans l'ignorance. Car avec ce président s'ajoute une dimension qui relève de la psychologie : il s'habitue à des paysages humains qu'il modifie peu, les rares fidèles de la première heure forment une phalange figée dans le temps. Il s'appuie sur un seul cénacle, quand François Mitterrand multipliait les cercles et les réseaux. C'est ainsi que Jacques Chirac, qui n'est pas près d'abandonner son clan, s'est toujours replié sur celui-ci, quand le navire se mettait à tanguer dangereusement. Dans le passé, bon nombre de présidents s'étaient assuré les conseils de Mazarin ou de Raspoutine des temps modernes. Des hommes et des femmes de l'ombre, qui avaient pris un tel pouvoir dans les coulisses, que Bernadette Chirac, une fois installée à l'Élysée, somma son époux d'en finir avec ces mœurs de sicaire. N'ayant pas oublié la capacité de nuisance d'une Marie-France Garaud – l'âme damnée – elle avait dit à Chirac : « C'est nous ou rien ». Chirac avait tranché : ce serait la famille. Un cercle qu'il lui a fallu protéger, plus que tout autre. Il a ainsi toujours tenu à laisser sa fille à l'écart du cloaque, en dehors de certaines confidences qui relèvent des petits et grands arrangements enfouis dans les profondeurs de la vie politique, dans les bouges du feu RPR. Dans le seul souci de ne pas abîmer celle qui, pour le protéger à son tour, passe soigneusement au tamis, depuis vingt ans, rumeurs et ragots, Chirac s'est toujours tenu bouche cousue face à Claude, quand l'odeur des affaires devenait insupportable et qu'elle remontait à la surface.

Longtemps Claude Chirac a confessé caresser deux projets dans sa vie : aider son père à conquérir l'Élysée et veiller à la pérennité du nom des Chirac, assurer la survie du patronyme, menacé de disparaître. Papa d'abord : mission remplie et même coup double. Jackpot pour la seconde, avec la naissance de ce garçon, plus Chirac que Chirac ! Que lui reste-t-il aujourd'hui à réaliser pour quitter sereinement ses bureaux de la rue de l'Élysée, en juin prochain ? Conduire son père sans encombre jusqu'à la ligne d'arrivée et commencer à gérer ce qu'elle appelle, déjà, « la mémoire de l'après » : cet héritage politique qui reste à faire fructifier pour les livres d'histoire et dont elle compte bien, avec une volonté, un entêtement quasi messianique, être le dépositaire, la vestale. Que restera-t-il de ce bilan si personne ne l'entretient ? Entre mémoire et repentance : pas une initiative d'ordre symbolique que Chirac n'ait prise, depuis bientôt deux ans, à l'Élysée, sans qu'elle vienne s'inscrire dans cette perspective historique. Comme un bas-relief, dont Claude Chirac serait l'auteur, le burin à la main.

C'est ainsi qu'elle fut quelque peu désenchantée du peu d'échos, rencontrés dans la presse, par le discours de son père sur l'esclavage, au mois de mai 2006. Une initiative qu'elle avait suivie et soutenue et qui avait vu un Chirac sincèrement bouleversé par les interventions au Sénat, lors de cette manifestation, du poète de la Négritude Aimé Césaire et du metteur en scène et acteur noir, Jacques Martial, l'un des héros de la série Navarro, sur TF1. C'est pourquoi il avait demandé à son ministre de la Culture, Renaud Donnedieu de Vabres, de nommer ce dernier, quelques mois plus tard, en novembre, à la tête de l'établissement de la Villette. Là, encore, dans une indifférence quasi générale. Il est vrai que les déchirements au sein de la majorité et l'affaire Clearstream monopolisaient alors toutes les attentions. C'est l'époque où Jean-Louis Debré avait lancé à Chirac : « Vous avez deux boulets, Villepin et Sarkozy. » Claude aurait pu ajouter : et les Français, ces ingrats « qui ne te méritent pas ».

C'est avec ce même souci que fut rédigé le texte prononcé par Chirac, lors de l'inauguration du musée des Arts premiers et que l'on travailla d'arrache-pied à la préparation d'un hommage rendu aux Justes. C'est ce dernier combat, le plus important, celui de la mémoire, que Claude Chirac s'est juré de gagner. Tout en espérant voir Chirac revenir en première ligne. Car rien n'est joué pour celle qui n'a pas oublié les rebondissements de 1995 et de 2002, les défaites annoncées, la fin de règne quasi proclamée et ces retournements que seuls le sport et la politique peuvent offrir. Tandis que Bernadette fait campagne au grand jour, Claude a réactivé, plus discrètement, depuis l'été 2006, quelques-uns de ses réseaux. Elle a sondé quelques amis politologues, rameuté les derniers fidèles et réuni à l'Élysée une équipe restreinte, chargée de bâtir des scénarios de campagne et de construire des meccanos, en vue de son financement. Car si son père semble jouer les hésitants face à ses visiteurs qui le questionnent au sujet de cette échéance, et à qui il assure qu'il ne cédera pas aux vertiges de la barricade, il demeure, en vérité, déterminé à tout tenter, si l'occasion lui en est donnée. Dès lors qu'il sentira une fenêtre de tir, il ira ! Alors, autant être prêt.

Dans le même temps, Claude s'est attachée à protéger ses amis les plus chers, ce petit cercle de fidèles qu'elle ne pourra plus soutenir de la même manière, à compter de l'été prochain. Quand la fille du monarque aura regagné l'anonymat et perdu ses ballerines de princesse, elle ne pourra plus tirer les ficelles et jouer de tous les leviers. Ce sont les derniers feux. C'est ainsi, par exemple, qu'elle est montée en ligne dans le bureau de son père pour obtenir, à l'automne 2006, le limogeage à Monaco de l'homme fort du Rocher, Jean-Luc Allavenna, jusqu'alors le principal collaborateur du Prince Albert dans la principauté. Cet ancien cadre dirigeant de chez Lagardère, connu pour son tempérament volcanique, rendait la vie insupportable à Christiane Stahl, l'amie de vingt ans de Claude, en poste au Palais, et que Jacques Chirac a prise également sous son aile. Ni une, ni deux, l'individu fut débarqué, après que Chirac eut tout simplement exigé sa tête, au cours d'un entretien téléphonique avec le Prince Albert.

Beaucoup s'interrogent sur la force de la relation qui unit Claude Chirac à son père, depuis tant d'années. Ce dernier a confié un jour à Line Renaud que depuis la campagne de 1995 « leurs destins [étaient] liés ». Beaucoup se demandent de quoi seront faits les lendemains de cet inséparable binôme. Jacques Chirac, qui a acheté en 2005, un joli Riad à Agadir, au Maroc, où il compte notamment emmener sa fille aînée Laurence, pour la faire profiter du bon air de l'Atlantique, rejoindra-t-il le Conseil constitutionnel ou on ne sait quelle institution internationale ? Quant à Claude, ses amis l'encouragent à quitter la France pour rejoindre la Californie et Los Angeles et y refaire sa vie. Ses amis, les Ferry, lui ont proposé maintes fois de l'aider, sur place. « Mais vous me voyez tenir une boutique de fringues ? Moi non », me confiait-elle à l'automne.

Et puis, il y a Martin, le gage de sa vie, le point d'orgue de son existence. Avec son menton volontaire, ses gestes décidés et sa petite silhouette tendue comme un arc, qui galope aux côtés de son grand-père dans les jardins publics, il a tout d'un Chirac. Un gamin « incroyable » s'esclaffait son grand-père, quand, petit, il lui tambourinait le ventre, avant de filer à l'autre bout de la pièce, happé par les bras de sa mère. Comme « Chirac », il galope plus qu'il ne marche, il avale plus qu'il ne mange, il assène plus qu'il n'explique. Il a, comme lui, la susceptibilité à fleur de peau, le piaffement de ceux qui iront loin, se sont convaincus ses deux grands-parents et « beaucoup de cœur, comme Jacques », résume Line Renaud. Avec un tel pedigree, on en fera bien quelque chose de cette graine de Chirac. « Et s'il embrassait, un jour, une carrière politique ? » Claude a levé les yeux, attendu quelques secondes, puis posé sa fourchette, dans ce restaurant du VIIIe arrondissement parisien où nous déjeunons : « Il y a des métiers plus sots. La politique, quand elle est bien faite, mérite d'être vécue. Mais vous ne croyez pas qu'il est encore un peu petit pour y penser ? ».

Pour l'élection présidentielle, en 2026, Martin Chirac aura trente ans. À trente ans, son grand-père était au cabinet de Georges Pompidou. Quant à Nicolas Sarkozy, à vingt-huit ans, il était déjà maire de Neuilly...

Table

www.ingramcontent.com/pod-product-compliance
Lightning Source LLC
LaVergne TN
LVHW052206200726
843508LV00015B/1697